服务礼仪与服务技巧

第三版

靳斓/著

中国经济出版社
CHINA ECONOMIC PUBLISHING HOUSE
北京

图书在版编目（CIP）数据

服务礼仪与服务技巧 / 靳斓著 . —3 版 .

北京：中国经济出版社，2018.5（2022.1重印）

ISBN 978-7-5136-5189-9

Ⅰ . ①服… Ⅱ . ①靳… Ⅲ . ①服务业—礼仪 Ⅳ . ① F719

中国版本图书馆 CIP 数据核字（2018）第 092370 号

责任编辑　陈　瑞
责任印制　马小宾
封面设计　任燕飞工作室

出版发行　中国经济出版社
印 刷 者　北京柏力行彩印有限公司
经 销 者　各地新华书店
开　　本　710mm×1000mm　1/16
印　　张　17.25
字　　数　182 千字
版　　次　2018 年 5 月第 3 版
印　　次　2022 年 1 月第 2 次
定　　价　48.00 元
广告经营许可证　京西工商广字第 8179 号

中国经济出版社　**网址** www.economyph.com　**社址** 北京市西城区百万庄北街 3 号　**邮编** 100037

本版图书如存在印装质量问题，请与本社发行中心联系调换（联系电话：010-68330607）

PREFACE 前言

习近平同志指出，人民对美好生活的向往就是我们的奋斗目标。

对于第三产业即服务业来说，奋斗目标就是为人民提供高品质的服务。

2010年，我国跃居为世界第2大经济体。

2013年，习近平提出“一带一路”的重大战略倡议。

2016年，我国第三产业已经占到GDP的51.6%。

这些都为服务业的发展提供了无限机遇，同时也带来了挑战。

那么怎样为客户提供高品质的服务，以赢得市场竞争呢？

首先你要爱客户，最终客户才会爱你。

在信息传播迅速、科技手段发达的今天，企业的技术、产品、营销策略等很容易被竞争对手模仿，而代表单位形象、由服务岗位工作人员所呈现的服务礼仪却是难以模仿的。这是重要的软实力，更是提供高品质客户服务，获得竞争力的重要基础。

怎样把客户服务放在首位，最大限度为客户提供规范化、人性化、高效率的服务，以满足客户需求，是各服务单位面临的最大挑战。所以，现代企业必须在服务上下功夫，才能在同行业中获得持续、强劲的竞争力，以赢得自己的市场份额。

对于服务岗位工作人员来说，如何做好服务工作，不仅需要拥有职业技能，更需要懂得服务礼仪：主动的服务意识、热情周到的态度、敏锐的观察能力、优雅大方的仪态动作、良好的口语表达能力以及灵活规范的事件处理能力。

什么是服务礼仪？就是服务岗位工作人员在工作中，通过言谈、举止、行为等，对客户表达出尊重和友好的行为规范和惯例。简单地说，就是服务岗位工作人员在工作场合适用的礼仪规范和服务艺术。服务礼仪就是服务素质，是体现优质服务的具体过程和手段，使无形的服务有形化、规范化、系统化。

有形、规范、系统的服务礼仪，不仅可以树立服务人员、产品或服务以及企业的良好形象，更可以塑造受客户欢迎的服务规范和服务技巧，让服务人员在和客户交往中赢得理解、好感和信任。

一位经常穿梭于各城市的“空中飞人”，经常入住酒店。他有个习惯，就是睡觉的时候喜欢“高枕无忧”，因为酒店的枕头都不高，总是要用另一张床上的枕头垫在自己的枕头下面才能睡得着。有一次他入住一家酒店，第一天晚上的“高枕无忧”他像往常一样自己动手。而第二天晚上回到酒店的时候，却发现了一个小小的变化：枕头变了，下层是一个普通枕头，上层是一个散发着淡淡药香的保健枕头，而且比普通枕头要高。从此，只要到了这个城市，就会入住那家酒店，而且还介绍朋友入住。

可见，在服务工作中，洞悉并满足客户的需求，带给客户的又何止是这一次的满意和惊喜。

同理，一个“不经意”的服务不周，带来的不一定就是一点遗憾。

一位企业家去某地咨询投资事宜。等他赶到该地行政服务中心时，工作人员还有20分钟下班。服务大厅里五个窗口就剩一个窗口有人——一个年轻的女工作人员正眉飞色舞地“煲电话粥”。

他来到这个窗口，对那位工作人员连说三次“您好”，都没反应。差不多10分钟过去了，女工作人员终于在一句“讨厌”声中挂了电话。看见窗口前面站了人，头也不抬地说：“明天再来！”“可明天是周六……”“那周一再来，还用我教你！”她终于抬起头，给了个白眼。“我大老远赶来不容易，现在还不到下班时间……”“那我容易吗？我还要……跟你说这些干什么！”

“啪”地一声，最后一个窗口也关上了。

用这位企业家的话说：她关上的不是窗口，而是他对这个城市的希望。连窗口部门的工作人员都这样，那该地的投资环境究竟如何，实在让人担忧。

所以，作为服务人员，学习和运用服务礼仪，已不仅仅是自身形象的需要，更是提高双效益、提升竞争力的需要。

完全可以说：服务就是营销力，礼仪就是竞争力。

本书以服务实战角度，从服务人员的仪容、服饰、仪态以及服务语言、各具体场景的应对规范和技巧等方面进行了介绍，以期为广大服务工作者提供一个系统、规范的操作思路和行为参考。

让我们为满足人民对美好生活的向往，撸起袖子加油干！

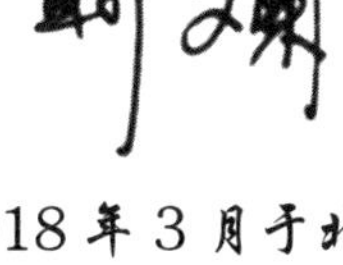

2018年3月于北京

CONTENTS 目录

第一课

职业自律

THE
FIRST LESSON

他山之石

小胡入职不到4个月就产生了离职的想法。

她是单位的售后服务。对于没完没了的客户电话，她说头都要炸了。客户反映的小问题，小胡认为那都是客户"闲的"；复杂的问题，小胡觉得自己真倒霉，客户偏偏为难她；而客户的抱怨甚至发火，觉得那是销售的问题，她却成了替罪羊，往往在客户的电话里就表达出对销售的不满。

公司新产品的售后问题比较多，很多都是因为客户不太会使用，而作为客服的小胡自己也不太了解，经常因为客户咨询如何使用的问题，她得请教其他同事才能答复，往往3~5分钟的电话等待，让客户又产生新的不满。小胡也从没觉得自己应该先了解、熟悉新产品。

小胡的情况，可以说是一种职场现象。不管从事什么工作，都难免会遇到挫折。所谓"不破不立"，挫折正是检视自己能力或经验的良机，然后借势提升自己，而不是怨天尤人。这也是职业自律、服务素养的要求。

做好服务工作，要有服务自信，但更要自律，“自律者人敬”。这不仅是职业道德所在，也是做好服务工作的前提。需要“自律”的，既有心态，也有形象和举止行为。

应有积极健康心态

“心态决定一切”，这绝对是至理名言。我在给各行业礼仪培训中，深深体会到心态对个人行为的影响。

对于服务人员来说，只有具有积极健康的心态，才能有正确的态度、积极的行为，从而才谈得上有良好的服务意识、职业道德，才谈得上工作自律，从而做好本职工作。

刘伟是一名出租车司机，他的活儿总比同事多，收入当然也高不少。问其秘诀，他说得再简单不过：保持积极乐观的心态。

他每天都是一副乐呵呵的样子。客人上车他热情问候；遇到老人、小孩和行动不便的人，经常主动下车开关车门；在车上他陪着聊几句；下车主动道别；即使偶尔碰上难缠的客人，也从不太在意；工作之外的不愉快从不带到工作中来……即使现在很多人都用 APP

软件叫车，但老顾客们仍喜欢电话或微信联系他，指定他接送。用客人自己的话说，坐他的车，连心情都会好起来。

据研究，树立积极健康的心态，至少可以：保持乐观而稳定的情绪，平衡生理和心理的健康；在工作中充满热情和活力；有较强的事业心和目标意识，能够把个人利益与单位利益协调一致；正确认识自己，公正评价他人；豁达宽容，自尊敬人，建立和保持和谐的人际关系；积极进取，勇于追求，善于自我克制；能够坦然冷静地接受所发生的事情，并迅速做出应变反应；更容易带来有利于工作的良好人文环境和成功意识等。

树立积极健康的心态，一方面可以调节工作人员内部的关系，促进单位内部同事间的团结与合作。另一方面，又可以调节与客户的关系，使之更主动、自如地润滑、融洽客户关系。

服务人员要有积极健康的心态，就必须要有良好的心理素质。一方面，要学习服务心理学知识，以更好地了解客户的想法、需求；另一方面，也是最重要的，即保持积极的心态，没有积极心态，就很难对客户表现出主动热情，也不可能做到彬彬有礼、落落大方、自信自尊。有些服务人员表现得缩手缩脚、羞于见人；有些人觉得自己相貌平平，性格内向，口才不好，很难做好服务工作。其实这两种情况，缺的并不是能力，而是积极的心态和信心。只有调整好心态，增加信心，才能挖掘出难以估量的潜能。

同时，积极健康的心态意味着能积极上进，在工作中保持“空杯”心态，不断提升自己、突破自己，“苟日新，日日新，又日新”。

可见，积极健康的心态是践行服务礼仪、做好服务工作的重要因素。

全心全意为客户服务

做好服务工作是服务人员的天职。为什么要全心全意为客户服务呢？

是优质服务所需

毫无疑问，对于服务企业来说，市场竞争实质就是服务质量的竞争。企业的生存与发展、声誉与效益，靠的是向客户提供全方位的优质服务。有的服务企业久而久之，建立了良好的口碑，产生了良好社会效益，而有些则让客户退而远之。

优质服务应包括一流的设备条件和一流的服务水平，即优良的服务态度、高尚的服务精神、最佳的服务效率等。研究表明：在硬件相当的情况下，影响优质服务的主要因素是服务精神和态度。一种“客户就是上帝”的服务精神和热情友好、真诚和蔼的服务态度，可以使客户在感官上、精神上产生亲切感、被尊重感、优越感。客户这种良好的体验，就是在服务人员的热情、友好、规范的服务中得到的。所以说全心全意为客户服务是优良服务态度的关键，是优质服务的必需。

是客户的需要

提供服务的直接目的，是最大限度地满足不同客户的需求，使客户乘兴而来，满意而归。使客户来到这里，不仅获得所需，而且得到尊重和重视，心情愉悦。

“被尊重”“人格尊严”的意识，在现代客户心目中占有十分重要的位置。从经济学角度讲，客户用了相当的精力和物力，选择了我们，并购买“服务”这一特殊商品，这时候企业和客户的关系，就是买卖关系。从经济关系的角度看，要做到买卖公平，卖方向买方提供真诚、文明、规范、亲和力的服务，以保证买方的正当权益。只有这样，客户才有一种自尊感、亲切感、信任感、满足感。

从心理学的角度讲，服务人员向客户提供主动热情、耐心周到的服务，可以缓解客户因某些原因而产生不愉快的消极因素，改善气氛，转变情绪，使客户高兴满意，达到心理上的平衡。而且，对服务中出现的差错，规范、亲和力的服务也是润滑剂，可以得到客户谅解，使服务工作得以顺利进行、圆满完成。

是市场经济的需要

市场经济培养的是在同等条件下的公平竞赛，任何企业在这一平台上，可以各展所长、各取所需。在这样的前提下，在当前硬件设施水平及产品相差无异的情况下，竞争就变成了服务人员素质的竞争，变成了服务的竞争。一个最直接的表现，就是要求企业、服务人员全心全意为客户服务，以吸引客户、赢得竞争、获得发展。

是服务人员的天职

全心全意为客户服务是职业道德的集中体现，也是职业道德的实质。在客户和企业的关系中，客户是享受被服务的权利和支付费用义务的主体，是服务对象。这种权利和义务，需要服务人员去具体呈现，即“我为客户，客户为我”。

称职的服务岗位工作人员必须做到礼貌待客、热情服务。礼貌待客，指的是要求服务人员出于对客户的尊重和友好，同时对客户有敬畏之情，在服务中注重仪表、仪容、仪态和语言、工作规范操作；热情服务则要求服务人员发自内心、满腔热忱地向客户提供主动、周到的服务，从而表现出良好的风度和素养。

一位称职的服务岗位工作人员应该做到：

（1）外表上，给人以稳重、大方的感觉。做到服饰整洁、挺括；仪容端庄、俊秀。

（2）举止上，表现出不卑不亢、落落大方，站、坐、蹲、走以及手势等合乎规范，做到端正稳重，自然亲切，训练有素。

（3）态度上，表现出和蔼可亲、热情好客，表情要真切，做到微笑服务。微笑服务是服务态度上最基本的标准。坚持做到“三声三到”，即“来有迎声，问有答声，走有送声；客户到，微笑到，敬语到”。

（4）语言上，谈吐文雅、表达得体。做到语音标准、音质甜润、音量适中、语调婉转、语气诚恳、语速适当。讲究语言艺术，准确使用敬语、谦语、雅语。

（5）接待上，待客彬彬有礼，讲究规格。对重要客户的迎送、接待，对纠纷的处理，都要注意一定的规格和相应的礼仪。

服务岗位工作人员的外表、语言、行为等外在美，应该是心灵美的自然流露，是一个人良好道德品质的外在表现。同时应该指出，在服务接待工作中，服务人员与客户的关系，服务人员是主体，客户是客体。处理好两者关系，关键在于服务人员一方，主动为客户提供优质服务。在服务的“舞台”上，客户是“主角”，服务人员是“配角”；客户是鲜花，服务人员则是绿叶。服务人员必须处处尊重客户，衬托出客户的“光亮”，不能喧宾夺主，不能越位，把握好尺度，这也是称职的服务岗位工作人员应具有的“角色”意识。

（6）服务风格上，诚实守信。诚实守信首先是一种社会公德，是社会人的起码要求。诚实守信不仅是做人的准则，也是做事的原则。欺上瞒下，糊弄社会、单位和客户，骗取眼前蝇头小利的人，是让人唾弃的，不可能做好服务工作。

诚实是服务人员对自身的一种约束和要求，讲信誉、守信用是客户对服务人员的一种希望和要求。作为一名服务人员，他既代表个人，又代表单位，如果不能诚实守信，那么他所代表的单位就不可能得到客户的信任、市场的青睐，久而久之在竞争的形势下被无情淘汰。所以，诚实守信不仅是一般的社会公德，而且也是任何一位服务人员应遵守的工作纪律。

总之，全心全意为客户服务是时代所需，是优质服务的重要组成部分；是客户心理的需求；是称职服务人员的必备条件；是企业提高声誉和效益的重要保证。

“三心二意”式服务

服务不只是微笑服务、敬语服务，更需要态度亲切的真诚服务，要求服务人员主动、热情、周到地做好服务工作，这是服务人员服务精神、职业道德的集中体现。

我们提倡的“三心二意”是指耐心、关心、爱心，以及善意、诚意。

耐心，即要有“忍耐性”和“忍让性”。在服务繁忙的时候，不急躁，不厌烦；遇到客户不礼貌的时候，不争辩、不吵架，保持冷静、婉转解释、得理也让人，退一步海阔天空。

关心，即指主动服务。即以关心的心态和角度，时时处处自觉为客户提供职权内的服务。做到“五个主动”，指主动问候、主动招呼、主动介绍、主动服务、主动征求意见，使客户高兴而来、满意而归。

爱心，即指热情而自然的服务。对待客户如同对待自己亲友一样，笑容常开、语言亲切、热情好客。做到“五个一样”，即内宾和外宾一样，男宾和女宾一样、老少一样、成交多少一样、成交与否一样，让客户总是感到亲切和温暖。

善意，即人性化、对象化的服务。从客户实际情况入手，使服务礼仪规范更加适合客户，符合客户的现实需要。比如发现客户是个左撇子，那么递物品给他的时候，就可以递到他左手位置，以方便他接拿。

诚意，即指周到的服务，服务工作要完善妥帖、细致入微。善于从客户表情和神态的变化中，了解客户意图，灵活应变，想客户所想，急客户所急，处处体贴、方便客户。从而千方百计地为客户排忧解难。

“三心二意”其实就是爱岗敬业的生动体现。

爱岗就是热爱本职工作；敬业就是用一种严肃、严谨的态度对待自己的工作，兢兢业业，尽职尽责。

一个单位就是一台大机器，任何一个环节哪怕是其中一枚小小螺丝钉出现问题，都会影响整台机器的运转。如果一个服务岗位工作人员不能尽职尽责，不能忠于职守，不仅仅会影响经济效益，还会影响整个单位的社会形象及企业竞争力。

努力提高业务水平

据澎湃新闻 2017 年 11 月 8 日的报道。

20 世纪八九十年代，上海市百一店是全国最大的百货商店，马桂宁就在呢绒柜台工作。人们找他买布，他不用尺子，一点不差，人称“一看准”“一摸准”。2000年调去卖男士衬衫，照样看一眼就知道顾客适合什么样的衣服。

为了接待好每一位顾客，马桂宁创造了“接一问二招呼三”接待法；根据顾客的询问、需求、意愿、担心等心理状况，总结出“五帮助，五可以”……这从平凡中升华的“非凡”，凝聚着马桂宁多年的辛劳和汗水、勤奋和刻苦。

他常去各商店做服务示范，只要示范后生意马上会好起来，被人们称为“财神爷”。

马桂宁多次当选全国人大代表、全国劳模和上海市劳模。

客户满意是服务礼仪的根本，围绕这个根本，服务人员必须不断学习，提高业务水平，才能跟得上客户日益变化的需求。

拥有一定的业务水平还不能做好服务工作。作为优秀的服务人员，还要把和本职相关的工作做一定了解，只有这样，才能提供更高效、更出色的、高标准的服务。才能更好地为客户解决问题、提供高质量的水平，才不至于“一问三不知，再问一走了之”。

例如，政府的行政服务中心，往往分为很多窗口，每个窗口分属于不同行政单位及有相应的职能分工。这就要求工作人员不仅了解本窗口的工作职责和范围，而且对相应问题还要知道应该去哪个窗口或部门具体办理，这样才是专业、高品质的服务。

如银行柜员，不仅是收钱、数钱、收票据，还应该对银行的各种服务了如指掌，对本行的各种金融产品及收益也应熟悉，甚至在本银行周边还有哪些其他银行也有所了解。这样无疑能提供更好的服务。

又如，酒店服务人员不仅要能够规范地上菜，而且还要对相应菜品有一定了解，这样才能在客户询问时，提供及时、满意的答复，而不是尴尬地以“不清楚”回应，让顾客扫兴。

注意管好工作时间

在培训工作中，我发现很多服务人员在时间处理上非常糟糕：工作安排上没有头绪，没有轻重缓急之分。总之，整个人都忙坏了，又好像整天什么也没做。这不仅影响工作效率，甚至有时候还影响了客户关系处理。我们对时间管理提出四点建议。

把工作进行排列

每天的工作，要在每天早上一上班的时候就安排好；每一周的工作，要在每周一早上就安排好。

在效率利用上，有一个公认的好办法，就是把最困难的事搁在工作效率最高的时候做；例行公事类的事情，在精神比较差的时候处理。

排列工作应该还包括意外事件的排列。比如一位来访者失约了，或推迟一会儿才能到。这时候你用不着坐着干等，完全可以利用这段时间处理下一项工作。

下面是关于如何优先安排工作的“工作安排表”，在相应位置填上你需要处理的事情，可以帮助你理清工作处理的先后顺序，提高工作效率。（如图 1–1 所示）

利用工具节省时间

充分利用电话、信件、网络等工具来节省时间。电话方面，要求能够有效控制通话时间。如果给客户打电话，事先应做好充分准备，这样说起来既充分又明确；接电话的时候，要边听边用笔记录作为辅助。还要约束自己在工作时间不接、打私人电话。即使偶尔接、打，也必须三言两语结束，不煲电话粥。否则浪费了电话费不说，也浪费了工作时间。开会需要发言，注意表达重点，不要拖拖拉拉像挤牙膏，耗费大家时间。不用非得见面谈的事情，可以通过微信、QQ 等网络工具交流；协议、书面材料方面，可以交给专业的快递公司去送、取，成本低而且速度快，用不着事必躬亲。

别让闲聊浪费时间

闲聊往往在不知不觉中浪费了大量的工作时间。工作中，我们应该有明确的意识：工作时间就是工作，不应该拿来私人闲聊。闲聊应该是下班以后的事情。如果有同事过来主动找你聊天，而直接告诉他 / 她工作时间不许聊天的话，容易伤感情。可以用变相“逐客令”，即你始终站着和他 / 她说话，甚至可以边说话边处理其他事情，这样就给对方一个心理暗示：现在挺忙，有事请开门见山。

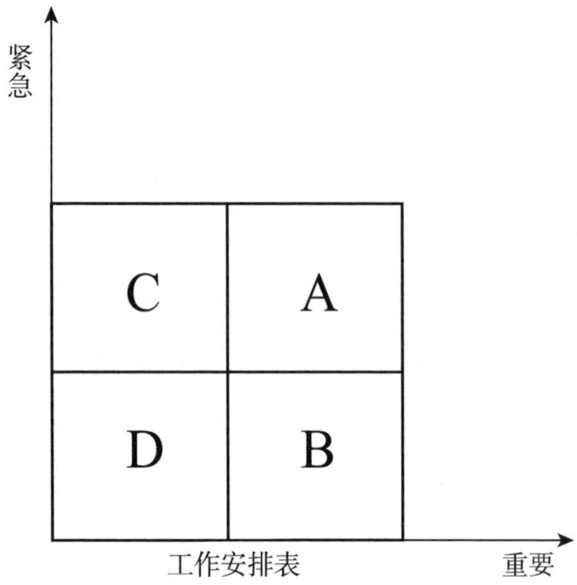

A：紧急又重要的事情或文件，要优先处理
B：重要但不紧急的事情
C：紧急但不重要的事情
D：既不紧急也不重要的事情最后处理

图 1-1　工作处理要分轻重缓急

文件、材料摆放有序

源于日本的6S管理，相当一部分内容就是文件、材料、办公用具规范摆放这样的“小事”。小事不小。我也见过不少这样的“小事”，水杯没有规则地乱放，经常不小心被打翻，弄湿桌上的文件、办公用具或个人手机。

把材料放在办公桌上，分门别类贴上标签，知道哪些东西在哪个位置上，这样就可以避免为找东西而浪费时间、焦虑。像水杯、笔筒、曲别针、回形针、订书机等放在固定位置，既好拿又保证安全。可能刚开始有些不习惯，一个个地整理不如随便丢方便。但时间长了，就会发现效率真的提高不少，找东西时不用着急地翻箱倒柜了。

不仅要摆放有序，而且已经处理过的事情或已经过时的材料，还应依规存放起来或统一销毁。这个工作同样重要，如果每个分类里面材料过多，翻找起来也不易。

必须做到律己敬人

来自澎湃新闻的消息。

2017年11月13日下午5点33分，湖南衡阳市衡山嘉年华城市公共客运公司司机罗小科在2路公交车营运过程中，突发心梗，倒在了方向盘上，后经抢救无效去世。就在失去意识的最后关头，他用惊人的毅力拉好手刹，换来了车上20余名乘客的安全。

“他表现一直很好，工作勤勤恳恳、任劳任怨，他驾驶的车辆没有发生过任何交通事故。”公司领导如是说。

新闻报道后，人们无不为司机最后关头的救人举动而动容。在最后还能如此操作，已将呵护乘客的生命安全当成了本能，无疑需要天大的毅力。在平时的工作中必然是很好地做到了约束自己、呵护他人。

我们认为，礼仪的本身其实就是一种律己敬人的行为规范，而对于服务礼仪来说，这种特征更加明显。从这个概念上我们也很明确：首先是“律己”，然后才是“敬人”。

“律己”不仅是自我约束，还有遵守制度。“没有规矩，不成方圆”，遵守本单位的规章制度，这是任何单位对一名员工的起码要求。遵守规章制度，不仅是为规范员工行为、统一单位形象，还为了更好地为客户服务，培养员工的服务意识。行为养成习惯，习惯养成性格。也就是说，只有培养成良好的为客户全心全意服务的性格，才能真正做好服务工作。

律己，当然也是工作自律。要求做到内外兼修，内求团结才能外求和睦。对内处理好同事关系，对外处理好和客户的关系，做到“五不”：不对他人评头论足，不推卸责任给同事，不干私活，不接打私人电话，不探究他人隐私。“四要”：卫生要主动搞、个人仪容仪表要整洁，同事领导见面要主动问好，客户来了要主动接待。

对于文明用语，服务人员不仅要了解本岗位常用的文明用语，还应杜绝服务忌语。文明用语不仅要说，还要生动具体、声情并茂地说出来，以达到交流沟通、润滑客户关系的作用。

工作牌（身份牌），既是本人身份的证明，也是为方便客户对服务人员的服务态度、服务质量进行有效监督，在工作岗位上必须佩戴，而且规范地戴在左胸位置，表示“单位在我心中”。

还有其他方便客户的礼仪规则，如电梯的使用上。有些单位明确规定服务人员和客户是分别使用不同的电梯，而且往往还在醒目位置贴着提示语。这时候服务人员如果“投机取巧”的话，往往会被客户看在眼里、记在心里：连本单位的制度都不遵守的人，能提供可靠的、高质量的服务吗？

律己敬人，还体现在内部关系即同事间的关系处理上，注意多律己，以放大镜看自己，以望远镜看他人。尊重同事，做好团队配合，工作上相互支持，杜绝我行我素的任性行为；尊重领导，注意汇报、请示，服从工作安排。

个人仪容自律要求

仪容就是指人的容貌。容貌美是内在美、自然美、修饰美这三个方面的统一。在三者中，因为仪容的修饰美是最可以直接实现的，所以也是仪容礼仪关注的重点。

服务人员外貌适当的修饰十分必要，不仅仅是打扮和美容，让自己更自信、更赏心悦目，实际上更是对客户的尊重，也是个人良好精神面貌以及对工作乐观、积极态度的良好彰显。修饰仪容的基本规则是美观、简单、得体。所以要注意以下五个方面：

头发

适时梳理，不能有头皮屑；发型朴实大方。男士鬓角不盖过耳部，头发前额不触及眉眼、脑后不触及后衣领，不烫发。只有一种情况下可以染发：即把白发染成黑色。美发人员除外。

女服务人员不留披肩发，发不遮脸，刘海不遮眼。有些服务岗位可以适当染发，染成和黑色比较接近的颜色。一般以盘发、短发或束发为宜。不用色泽艳丽的发饰。

面部

注意清洁和适当修饰。为使自己容光焕发，显示活力，男性服务人员每天都要剃净胡须（特殊的宗教信仰者除外），鼻毛常修剪不外露；女士可以化淡妆，不能浓妆艳抹，并避免使用气味浓烈的化妆品。无论男女，在干燥季节更要注意面部护理，以保持脸部的清洁。

指甲

作为服务人员，必须经常修剪和洗刷指甲，保持指甲的清洁，不留长指甲，也不要涂有色的指甲油。指甲的长度，以自己张开手，从手心这一面看不到指甲为宜，以免工作中不小心划伤客户。

首饰

在服务工作岗位上，不提倡戴首饰。如果戴的话，可以戴珍珠或做工精良的黄金、铂金首饰。而且，佩戴上讲究“宜少不宜多”，提倡全身的首饰不超过三种。可以戴质地轻、体积小、较细致的，如项链和戒指。戴戒指一般戴婚戒，耳饰可以戴小巧的耳钉或耳包。有些服务行业鉴于安全、卫生的要求不应戴手饰，如医疗行业、餐饮行业。（如图 1–2 所示）

个人卫生

个人卫生是服务人员精神面貌的具体表现。个人卫生方面做到“三勤五忌”，即勤洗澡、勤换衣裤、勤漱口；忌吃生葱、生蒜、韭菜、萝卜、臭豆腐等有刺激性气味的食物。若不小心吃了这些东西，可以嚼口香糖、嚼茶叶，或者用口喷等方式减轻异味。但不可以上班时间当着客人的面嚼。

身体有异味，如狐臭、汗臭，可以用淡雅的香水来遮盖。抹在耳朵后面或是手腕的脉搏上，另外手臂内侧和膝盖内侧也是合适的部位。除了直接涂在皮肤上，也可以喷在衣服上，一般多喷在内衣和外衣内侧，裙下摆以及衣领后面。医疗、餐饮酒店工作人员，工作时间不应用香水，以免引起他人不适或过敏。

图 1-2 服务岗位戴饰品不宜多

工作淡妆自律要求

在服务岗位，女性服务人员素面朝天肯定是不礼貌的。女性淡妆上岗已成为惯例，特别是窗口岗位。

白天工作场合的淡妆，讲究的是自然、淡雅、简洁、适度、庄重、避短。

首先选择一款比自身肤色亮一度的 BB 霜、CC 霜、粉底液或气垫粉底，用化妆海绵把粉底快速涂抹均匀，再用粉扑把脸部和颈部做一下过渡，以免“泾渭分明”。

眉毛是平衡脸型最关键的部位，颜色不要太浓，只需用眉粉或眉笔淡淡描出形状就行。

工作淡妆，一般不用假睫毛。可以画眼线，以使眼睛变得更加有神。

用睫毛夹定型睫毛。涂睫毛膏时先横着涂，增加睫毛的浓密度，然后再拉长。下面的睫毛可以用睫毛膏轻刷一两下。

把腮红扫在笑肌位置。圆脸形斜向上扫；长脸形呈圆状扫，再横向扫几下；颧骨高者，扫在笑肌偏下一点的位置。这样处理是用腮红来修正脸型，使脸型从视觉效果上更加完美，也显得面色更加红润，气色好。

唇部涂上唇彩或唇膏，但不能涂得过浓，毕竟这是白天的工作场合要求。而晚上工作的话则相应浓一点，这样在灯光下妆容才显得好看。

完成这些步骤之后，一个自然、简单的工作妆就大功告成了。

化妆后难免会出现妆容残缺的现象。日常的补妆工具及化妆品有吸油纸、散粉、干湿两用粉饼、唇膏、眼影、眉笔等。粉底或因为长时间出汗而脱落，补妆时先用吸油纸吸去脸上油分，再用干湿两用粉或散粉在脸上均匀轻柔拍按，使整体肤色一致。唇膏会在用餐或吃东西后脱落，失去光泽，补妆前先用软纸吸去唇部残留油分，再涂唇膏。晚上补妆可适当加眼影色和胭脂色。

补妆应避开他人，在无人角落、化妆间或洗手间。我们中国人认为当众补妆是不礼貌的行为，欧美国家甚至把当众补妆看成是“黄色娘子军”的标志性举动。（如图 1–3 所示）

另外，餐饮、食品零售业的服务人员，上班期间也不应抹护手霜，以免让食品串味。

服务岗位着装自律

大部分行业的工作人员都有统一的制服（工作服），如医护人员、银行人员、交通企业窗口岗位、酒店饭店服务人员等。穿上制服不仅是对客户的尊重，而且便于客户辨认，同时使穿着者产生职业的自豪感、责任感。也是其单位形象和企业文化的外在表现。

图 1-3　当众补妆不礼貌

制服穿着

制服一般都是既有款式、固定搭配，所以在穿着要求上我们只提供四点参考：

整齐。合身的制服，必须要做到“四长”“四围”。四长：袖长至手腕、衣长至虎口、裤长至脚面、裙长至膝盖；四围：领围以插入一指大小为宜，上衣的脚围、腰围及裤裙的臀围以穿一套羊毛衣裤的松紧为宜；尤其内衣不能外露；不漏、掉扣；领带、领结、飘带和衬衫领口的吻合要紧凑且不系歪。

清洁。衣裤无污垢、油渍、异味。领口和袖口尤其要保持干净。不清洁的制服坚决不能穿上岗位，否则只能给服务人员健康积极的形象抹黑，更不用说给客户提供专业、周到的服务了。

挺括。制服还要求衣裤不起皱，穿前烫平，穿后挂好，做到上衣平整、裤线笔挺。这样不仅美观，更容易衬托出服务人员良好的风度和气质。

规范。制服无论是西装套装（裙）还是旗袍、连衣裙，都要按既有样式穿着，不要别出心裁，自己随意搭配甚至“再加工”，也不要任意卷挽袖口、裤腿。

西装穿着

也有很多单位并没有制服，要求员工穿着西装，或者很多单位的制服就是西装。

一套合体西装，可使穿着者显得精神、风度翩翩。穿西装需要注意以下几点：

讲究规格。不管是两件套还是三件套，穿着时必须整洁，笔挺。内穿单色衬衫、系领带、戴领带夹、穿皮鞋。三件套西装，在正式场合不能脱下外衣。西装里面最多也只能加一件“V”字领毛衣，否则会显得十分臃肿，破坏西装的线条美。

穿好衬衫。自行配衬衫时，衬衫领子挺括，不能有污垢、油渍；衬衫下摆塞在裤腰里，系好领扣和袖扣。衬衫领子与衣袖要稍长于西装上衣袖的1~2厘米，以显出穿着的层次美感。衬衫里面的内衣领和袖口不能外露。

系好领带。领带的领结要饱满，和衬衫的领口吻合要紧凑。领带的长度以系好后大箭头刚能垂到皮带扣处为标准。

用好衣袋。上衣两侧的两个衣袋只起装饰用，不要装物品，不然会使西装上衣变形。西装上衣左胸部的衣袋只放折叠好的装饰手帕。有些物品，如票夹、名片盒等可以放在上衣内侧衣袋里。裤子口袋尽量不装物品，以求裤型美观。

系好纽扣。西装有单排扣、双排扣之分。双排扣西装纽扣全部系上。单排三粒纽扣的只系中间两粒或中上两粒；两粒纽扣的只系上面第一粒，或者全部不系，但不能全系；如果是较正式的服务场合，那就要把第一粒纽扣系上，坐下的时候再解开。

鞋袜。作为制服的西装只能穿皮鞋，而且黑色系带皮鞋最规范。袜子穿深色棉质袜子，黑色袜子是首选。

套裙穿着

套裙是西装套裙的简称，上身为一件女式西装，下身是一条半截式的裙子。有时候，也可以见到三件套的套裙，即女式西装上衣、半截裙外加背心。

套裙分两种类型。一是用女式西装上衣和裙子进行的自由搭配组合成的“随意型”。二是女式西装上衣和裙子成套设计、制作而成的“成套型”或“标准型”。

（1）穿着套裙要注意

上衣最短可以齐腰，裙子最长可以达到小腿的中部。上衣的袖长可盖住手腕。

上衣领根据服装款式应完全翻好或立好，衣袋整理整齐；衣扣或勾针式衣扣全部系上、勾好，工作场合不允许部分或全部解开，不当着他人的面随便脱上衣。裙子端正，上下对齐的应认真对齐。

套裙能够体现女性的柔美曲线，这就要求举止优雅，仪态端庄。穿上套裙后，站要站得挺拔、稳正，不可以双腿叉开。就座以后，不要双腿分开过大，或是翘起一条腿来，抖动脚尖；走路时不能大步奔跑，而只能小碎步走，步子轻而稳。

穿丝、棉、麻等薄型面料或浅色面料的套裙，需内配衬裙。不穿衬裙时，很有可能使内衣“活灵活现”。衬裙裙腰不能高于套裙的裙腰，把衬衫下摆掖到衬裙裙腰和套裙裙腰之间。

（2）套裙鞋袜的选择

和套裙配套的应是皮鞋，并且黑色的牛皮鞋最好。和套裙色彩一致的皮鞋也可以选择。袜子，可以是丝袜，但鲜红、明黄、艳绿、浅紫色的最好别穿。袜子可以用肉色、黑色、浅灰、浅棕等几种常规选择，最好是单色。

注意鞋、袜、裙的颜色是否协调。鞋、裙颜色必须深于或略同于袜子颜色。

和套裙搭配穿时，鞋子应该是高跟、半高跟的船式或盖式皮鞋，餐饮酒店类的服务人员也可以穿着黑色绒布鞋，走路更轻便。高筒袜和连裤袜，是和套裙的标准搭配。不能暴露袜口。

随意型工作装

也有很多单位既没有工作装，也没有规定工作装。这就要求服务人员要有高度的克己自律，自觉对自己的着装有一定要求。鉴于服务工作的特殊性，总体来说要注意：

男士不着夹克衫、背心以及乞丐裤、凉鞋、拖鞋走上服务岗位不要穿运动鞋、布鞋，不穿白色袜子。注意整体着装的和谐。而运动健身类场馆的工作人员则着相应运动类服饰。

女士不穿超短裙、超短裤、颜色过艳、款式过奇、过露的服装，避免内衣外现，不穿露背装、凉鞋、拖鞋、鞋跟过高的鞋、钉金属掌的鞋。注意上衣和下衣以及鞋的整体协调搭配。

小提示大道理

规范是服务的内核，文明是服务的表现，两者结合是现代客户最需要的服务，当然也是最有效、最有竞争力的服务。而服务礼仪更是将此两者有机结合，使服务人员拥有专业的态度，体贴到位的服务。

第二课

优质服务仪态训练

THE
SECOND LESSON

他山之石

小马是酒店客房信息员，平时主要负责电话预订房间和订餐的工作。小伙子每次接打电话都非常热情，给不少客户留下了好印象。但小马在单位却有个外号叫“小马哈”，因为他大大咧咧的，也爱和别人打哈哈，像个马大哈一样。

有一次，一位和小马经常电话联系、见过两次面的大客户来到酒店。小马正好在休息，心想认为既然是老客户，又经常和他电话沟通，就没必要那么见外。于是他上前就拍拍对方的肩膀说：“嗨，李哥，我是小马。好些日子没见！”显然对方吃了一惊，也很反感小马的这种行为：“我和你很熟吗？”说着，把小马搭在他肩膀上的手甩开了。小马一下子尴尬极了，真恨不得能找个地缝钻进去。

工作场合保持良好仪态，这是训练有素、专业敬业的服务人员应有的素质和风范。

美国心理学家梅拉比安曾经提出过一个非常著名的公式：人类全部的信息表达（100%）＝语言（7%）+声音（38%）+体态语（55%）。

这说明，通过一个人的体态语即仪态，可以更加客观地了解他的素质和思想感情。

打造优质的服务形象，就是要给客户塑造出黄金印象。换句话说，服务人员要想给客户留下良好的第一印象，必须从严要求自己的工作仪态。

服务站姿训练

站是坐和走的基础，也是服务人员最基本的服务姿态。作为服务人员，良好的服务站姿能衬托出服务人员良好气质和精神面貌。而如果站立姿势不规范，其他姿势就根本谈不上优雅、大方、得体。

规范站姿训练

许多工作都是需要站立服务的，在工作岗位上的站立，一般都采用规范站姿，有时也会采取一些变化站姿。无论哪种站姿，要做得规范、优雅、大方、得体，都需要从基本功练起。

站姿的基本功是：挺直、舒展、线条优美、精神焕发。

正面看：要点是头正、肩平、身直。全身笔直，精神饱满，两眼正视，两肩平齐，两臂自然下垂，两脚跟并拢，两脚呈“V”状分开，两脚分开约60°，身体重心落于两腿正中。

侧面看：要点是含颌、挺胸、收腹、直腿。两眼平视，下颌微收，挺胸收腹，腰背挺直，手中指贴于裤缝，整个身体庄重挺拔。采取这种站姿，会使人看起来稳重、大方、俊美、挺拔，还有助于呼吸，改善血液循环并在一定程度上减缓身体的疲劳。

男性：体现刚健、潇洒、英武、强壮的风采，力求给人一种“劲”的壮美感。双手相握、叠放于腹前。保安人员双手也可以相握置于身后。双脚可以适当分开，与肩同宽。

女性：表现女性轻盈、妩媚、典雅、娴静的韵味，努力给人以一种“静”的优美感。双手相握，右手放在左手上面，叠放于腹前；或两臂自然下垂。双脚尖并拢或稍许分开。

练习站姿时应掌握的要领是平、直、高。

平：头平正、双肩一样高低、两眼平视，最好经常通过镜子来观察、纠正和掌握。

直：腰直、腿直。后脑勺、背、臀、小腿肚、脚后跟这五点成一线。训练时可以靠墙壁站立，后脑勺靠墙，下巴会自然微收；腿膝尽可能绷直，往墙壁贴靠；脚后跟顶住墙，把手塞到腰、墙之间，如果刚好能塞进去就可以了；空间太大的话，可把手一直放在背后，弯下腿，慢慢蹲下去，蹲到一半时，多余的空间就会消失，然后再站直，体会正确直立的感觉。

高：重心上拔。练习方法是挺胸收腹，梗直脖子。在墙上吊一个物体，每当挺直上拔的时候，头顶刚好能触到它。

按照上述要领反复练习，日常生活中再多加注意，形成习惯，就会养成良好的站立姿态。

标准站姿的变化

由于工作岗位和场合的不同，标准站姿有以下四种变化。

（1）服务时站姿

为客户提供服务时的站姿，俗称“接待员的站姿”。接待客户时，站立的身前一般没有障碍物阻挡、受到他人的注视、与他人短时间交谈、倾听客户的诉说等，都能用这种站姿。

具体做法是头部微微侧向客户，面带微笑。手里可以拿着物品，也可以自然地下垂，或双手叠放在体前，表示“我随时愿意为您服务”。要收腹、立腰、挺胸、抬头、提臀。这时候女士可以双脚一前一后站成“丁”字步：支撑脚脚尖指向前方，另一只脚的 1/2 处贴着支撑脚的脚跟。脚尖向外展开约 30° 或 45° ，形成“丁”字形。这种站姿看上去十分优雅。更能展示出完美腿型，显得笔直。而男士站成“V”字步或两脚稍开立就可以了。

（2）柜台接待站姿

这种站姿也叫长时间站姿、障碍物挡身时的站姿或稍息。如果长时间采用标准站姿，容易疲劳。所以柜台工作的服务人员在情况允许时，可以用柜台接待站姿，自己可以稍作休息，也不影响服务形象。具体做法是：

手脚适当放松，不必始终保持高度紧张的状态。

以一条腿为重心，将另外一条腿向外侧稍稍伸出一点。

双手可以指尖朝前，轻轻地扶在身前的柜台边上。

两膝要尽量伸直，不要弯曲。

肩、臂自然放松，挺直脊背。

（3）恭候站姿

暂时不需要接待客户，或恭迎客户来临时，都可以用这种比较轻松、舒适站姿。但当客户就要或已经在你面前，尤其下半身没有遮挡物时，就不能用这种站姿，而应恢复标准站姿。恭候站姿的具体做法是：

双脚适度分开，两脚可以相互交替放松，当一只脚完全着地的同时，可以抬起另外一只脚的脚后跟站立休息。双腿可以分开一些，或者稍做十字交叉，不能太过频繁。双膝也可稍微分开，但不宜离得过远。肩、臂自然放松，手部不能随意摆动。上身依旧保持直挺，并且目视前方。头部不要晃动，下巴避免向前扬出。

采用这种站姿尤其要注意：分开的双腿不要反复地换来换去，否则会给人焦躁不安、极不耐烦的感觉。

（4）交通工具上的站姿

在各种交通工具上为客户提供服务时，为适应环境需要，就有必要采用一种特殊站姿：既要安全、稳当，又要兼顾礼貌和美感。这也是一个高难度站姿。具体做法是：

一是两脚之间可以适宜分开一定的距离，重心放两腿之间。但是两脚间的距离不能超过肩宽。

二是两腿尽量伸直，膝部也不能弯曲，应当有意识地稍向后挺。

三是身子要挺直，提臀收腹。

四是双手可以交叉贴于前腹，也可以一只手扶着扶手，但不要摆来摆去。

五是头部要正，微笑待客。在交通工具上站立的时候，要尽可能地和客户保持一定距离，同时还要注意控制自己身体在交通工具行驶时的摇晃，以免踩着或撞着他人。

不得体站姿

不得体站姿，要么不雅，要么缺乏敬意，是服务人员岗中应避免的。主要有：

垂头而站；

耸肩而站；

含胸而站；

驼背而站；

斜腰而站；

屈腿而站；

勾肩搭背而站；

背对客户而站；

肚腩凸出而站；

臂部凸出而站；

双腿大叉而站；

脚位不当而站；

趴伏倚靠而站；

浑身乱动而站；

抖腿晃脚而站；

双手平端或抱在胸前而站；

一只手插进衣袋或夹香烟而站……

这些情况，一般都是平时自我要求不严、举止随意而形成的不良习惯。只要不断提高自我服务意识加上适当训练，就可以修正过来。

服务坐姿训练

服务工作中，优雅得体的坐姿传递着友好、热情、专业的信息，同时也表达出高雅庄重的良好风范，所以同样要符合端庄、文雅、得体、大方的整体形象要求。

规范坐姿训练

女士坐姿最基本的要求是两膝不分开。当腿进入基本站立的姿态后，其中一条腿后撤，稍碰椅子，目的是感觉到椅子的存在，然后轻轻坐下，双膝并起来，双腿可以一起放中间或一起放左边或右边。想跷腿的话，两腿也要合并。如果裙子较短还要注意避免“跑光”。

男士膝部可以分开一点，但不超过肩宽，更不能两腿叉开过大或半躺在椅子或沙发里面。最典型的例子就是“葛优躺”。

怎样才算一个规范、优雅的坐姿呢？我们把坐姿进行分解讲解。

（1）入座要求

首先出于礼貌，和客户一起入座或同时入座的时候，要分清尊次，一定要请对方先入座，而且不可以坐在桌子上、窗台上、地板上，或者沙发的扶手上。

一般讲究左入左出。条件允许时，入座最好从座椅的左侧进去。这样做，是“以右为尊”的一种具体体现，而且也容易就座。坐的时候动作宜轻，尽量不干扰、不打扰他人。

入座一般要求用背部接近座椅。在客户面前就座最好不要背对着对方。你可以先侧身走近座椅，背对着站立，右腿后退一点，以小腿确认一下座椅的位置，然后随势坐下。这个动作要做得熟练、自然，需要多多练习。必要时，用一只手扶着座椅的把手也可以。

（2）离座要求

离开座椅时，身边如果有人在座，应该用语言或动作向对方先示意，然后再站起身来。当跟客户同时离座，要注意起身的先后次序。服务人员应动作轻缓离座，不应“拖泥带水”、弄响座椅，或将椅垫、椅罩掉在地上，起身后应主动协助客户为其拉椅让座。

（3）腿的摆放

一般入座以后，腿大多数情况下都暴露在客户面前。不管是从尊敬客户还是从坐得优雅舒适角度来讲，腿的摆放都要多加注意。

“正襟危坐”式。适用于最正规的场合。要求是：上身和大腿、大腿和小腿、小腿和地面，都应当形成直角。女士的双膝、双脚包括两脚的跟部，都要完全并拢。

垂腿开膝式，也叫端正式。这是男士正规坐姿，要求上身和大腿、大腿和小腿都成直角，小腿垂直于地面。双膝允许分开，分开的幅度不要超过肩宽。

双腿叠放式。适合穿短裙的女士采用。要求是：将双腿一上一下交叠在一起，交叠后的两腿间没有任何缝隙，犹如一条直线。双脚斜放在左侧或右侧。斜放后的腿跟地面呈 45° 夹角，叠放在上的脚的脚尖垂向地面。

双腿斜放式。适合于穿裙子的女士在较低的位置就座时所用。要求：双腿首先并拢，然后双脚向左或向右侧斜放，力求使斜放后的腿部与地面呈 45° 夹角。

双脚交叉式。适用于各种场合的女士选用。双膝先要并拢，然后双脚在踝部交叉。需要注意的是，交叉后的双脚可以内收，也可以斜放，但不要向前方远远地直伸出去。

前伸后屈式。女士大腿并紧后，向前伸出一条腿，并将另一条腿屈后，两脚脚掌着地，双脚前后要保持在一条直线上。男士可以双膝分开不过肩宽，一脚前一脚后。

（4）上身姿势

坐好后，上身姿势也要注意。

头部端正。就座时，除非为了看物品，否则不要在他人面前出现仰头、低头、歪头、扭头等动作。整个头部应当如同一条直线一样，和地面相垂直。在写东西的时候，可以低头俯看桌上的物品，但在回答客户问题的时候，必须抬起头来，不然就带有爱理不理的意思。和客户交谈的时候，要面向对方，不能把后脑勺对着对方。

躯干直立。一般坐椅面的 2/3 最适宜。工作中需要就座时，通常不应当把上身完全倚靠着座椅的背部。可能的话，最好一点都不倚靠。和客户交谈时，为表示重视，不仅应面向对方，而且同时要把整个上身略倾向对方。

手的摆放。服务人员可以把手放在腿上。可以双手各自放在一条腿上，也可以双手叠放或相握后放在腿上。侧身和客户交谈的时候，可以把双手叠放或相握地放在自己所侧一方的那条腿或扶手上。一些穿短裙的女士面对男性客户就座的时候，如果身前没有屏障，为避免“走光”，可以随手把文件放在并拢的腿上。双手自然地或扶，或叠，或握着放在上面。如果身前有桌子，也可以把双手平扶在桌子边沿，或是双手相握放在桌上。

不受欢迎坐姿

双腿叉开过大。双腿如果叉开过大，无论是大腿叉开还是小腿叉开，都非常不雅。特别是穿裙装的女士，忽略了这一点形象就会大打折扣。

架腿方式欠妥。坐后把双腿架在一起，应当是两腿相叠，并且一定要使两腿并拢。如果把一条小腿架在另一条大腿上，两腿之间还留出大大的空隙，就显得有些放肆了。

双腿直直伸出。坐下后把双腿直挺挺地伸向前方，这样既妨碍他人也不雅观。

把腿放上桌椅。有些人坐好后为图舒适，喜欢将双腿或单腿置在高处，有时甚至还会将腿抬到身前的桌子或椅子上，这种姿势仅限自己在自己房间使用，否则给人以非常坏的印象。盘腿而坐也不可以。健身运动场馆教练员示范动作等除外。

抖腿。很多人都有这个不良习惯。这种动作会让人心烦意乱，服务人员这样，只能给客户留下不好的印象。

脚尖指向客户。不管是哪种坐姿，用脚尖指向他人，都是非常失礼的。

用手触摸脚部。就座以后，有些服务人员往往用手抚摸小腿或脚部，这是极不卫生、不雅观的动作。

把手夹在腿间。个别人坐下来后就把手夹在两腿间，这个动作使人显得胆怯或害羞。

上身向前趴伏。这种姿势就是在坐下来后上身趴伏在桌椅上或自己腿上。这种高度放松的姿势当然不能出现在工作场合中。

服务蹲姿训练

服务中蹲姿和坐姿不同，但都是由站姿或走姿变化而来的相对处于静态的体位。通常用到以下四种服务蹲姿。

高低式蹲姿

这种蹲姿的基本特征就是双膝一高一低。要求在下蹲时，双脚不并排在一起，而是一脚前、一脚稍后。比如左脚应完全着地，小腿基本上垂直于地面；右脚的脚掌着地，脚跟提起。这时候右膝低于左膝，右膝内侧可以靠在左小腿内侧，形成左膝高右膝低姿态。女士应靠紧两腿，男士可以适度分开。臀部向下，基本上以右腿支撑身体。

相对来说，男性服务人员用这种蹲姿更方便。（如图 2–1 所示）

交叉式蹲姿

这种蹲姿适用于女士，特别是身穿短裙的女士。优点在于造型优美典雅。基本特征是蹲下后双腿交叉在一起。可以在下蹲的时候，右脚在前，左脚在后，右小腿垂直于地面，全脚着地。右腿在上、左腿在下，两者交叉重叠。左膝由后下方伸向右侧，左脚脚跟抬起，并且脚掌着地。两腿前后靠近，合力支撑身体。上身略向前倾，而臀部朝下。（如图 2–2 所示）

图 2-1　高低式蹲姿

图 2-2　交叉式蹲姿

半蹲式蹲姿

这种蹲姿一般在行走时临时采用。它的正式程度不及前两种蹲姿，但在需要应急时也采用。基本特征是身体半立半蹲。主要要求双膝略为弯曲，身体自然下蹲，臀部务必向下，而不是撅起；身体的重心放在一条腿上时，两腿之间不要分开过大。女士也可以双腿并齐，屈膝半蹲。

半跪式蹲姿

这种蹲姿又叫单跪式蹲姿。这也是一种非正式蹲姿，多用在下蹲时间较长时。要求在下蹲后，改为一腿单膝点地，臀部坐在脚跟上，以脚尖着地。另外一条腿，应当全脚着地，小腿垂直于地面。双膝应同时向外，双腿应尽力靠拢。

蹲姿切忌：突然下蹲，离人太近，方位失当，毫无遮掩。

服务走姿训练

走是站的延续动作，是在站姿的基础上展示人的动态美。无论是在日常生活中还是在服务工作中，走路往往是最引人注目的身体语言，也最能表现一个人的风度和活力。

规范走姿训练

走的时候，抬头，目光平视前方，双臂自然下垂，手掌心向内，以身体为中心前后摆动。上身挺拔，腿伸直，腰放松，脚步要轻并且富有弹性和节奏感。

摆臂时，要前摆约 35°，后摆约 15°，手掌朝向体内；起步时身子可以稍向前倾，重心落前脚掌，膝盖伸直；脚尖向正前方伸出，行走时双脚踩在一条线的两侧上。

女性服务人员还要步履匀称、轻盈，端庄、文雅，显示温柔之美。

可以将一本书放在头顶上，放稳后再松手。接着把双手放在身体两侧，慢慢地从基本站立姿势起步走。确保书不掉下。顶着书走虽有点不自然，但却是一种很有效的方法，关键是走路时要摆动大腿关节部位，而不是膝关节，才能使步伐轻捷。

关于走姿，除了要牢记“不应该怎么做”和“应该怎么做”，还要了解一些有关走姿的特例。

陪同引导

陪同引导客户时，如果是在走廊等平地引领，双方并排走路时，陪同引导人员应在左侧。如果双方单行走路时，要在左前方 2~3 步的位置。当被陪同人员不熟悉行进方向时，服务人员应该走在前方外侧，主动为其引路。走的速度不可以我行我素，不要太快或太慢。

引领客人去什么地方要提前说明；到达地点时，也要说明。陪同中注意照顾客户，每当经过拐角、楼梯或道路坎坷的地方，提醒对方留意，使用规范手势，并提醒客户“左边请”“这边请”“请小心路滑”“请您小心，这里地不平”等。在走的过程中要交谈或答复提问时，就要侧转身朝向对方。

上下楼梯

上下楼梯要遵守一些规则：

走专门指定的楼梯。有些单位往往规定本单位人员不得和客户走同一个楼梯。在运送货物时，特别要注意这一点，应走货梯。

减少楼梯上的停留。楼梯上来往的人很多，所以不要停在楼梯上休息、站在楼梯上和他人交谈或是在楼梯上慢悠悠地走。

坚持“右上右下”原则。上下楼梯时，都不应该并排行走，而应当从右侧上，从右侧下。这样一来，有急事的人，便可得以快速通过。

注意次序。上下楼梯时，不要和客户抢行，出于礼貌可以请对方先走。只有一位客户时应遵循尊者在高处的原则。当给多位客户引路，上下楼梯时就要走在前面。

进出电梯

使用电梯的时候要注意：

乘专用的电梯。假如本单位有这样的规定，就一定要自觉地遵守。有可能的话，服务人员不要和客户混用同一部电梯。但是如果属于接待服务工作，就应该例外。

即使遇到不相识的客户，也应以礼相待，微笑问好，请对方先进先出。如果是负责陪同引导对方，乘无人驾驶电梯时，服务人员必须自己先进后出，以方便控制电梯。乘有人驾驶电梯，客户、上司优先。

尊重周围乘客。进出电梯时，应侧身而行，避免碰撞。进入电梯后尽量站在里边。人多时最好侧身站立，后进的人面向电梯门。下电梯前，要做好准备，提前换到门口，也不可在电梯内大声喧哗或嬉笑吵闹。自己在电梯里遇到客人时应主动与其打招呼问候，并主动为其按楼层。

开关门

引领客人到办公室外，如果是外拉门：先敲门，打开门后握住门把手，站在门旁，对客户说“请进”并施礼。进入房间后，将门轻轻关上。最好是反手开门、反手关门，以便始终面向客人。且在拉门或推门后使自己处于门后或门边，不挡住对方。请客户入座，自己退出。

引领客人到办公室外，如果是内开门：先敲门，自己随门先进入房间。侧身，握住门把手，对客户说“请进”并施礼。轻关门，请客户入座，自己再退出。（如图 2–3 所示）

自己进入他人房间前，先有节奏地轻轻敲门或按铃，向房内的人通报，获得允许后再进，即使门是开着的。贸然出入或者一声不吭，都显得冒冒失失。

务必要用手来开门或关门，用胳膊肘顶、膝盖拱、臀部撞、脚踢、蹬的方式关门都是极失礼的行为。

向客户告别离开时，动作细节上要注意，如果扭头就走显得有些失礼。可以后退几步，再转身离去。通常面向客户后退两三步就

图 2-3　开关门注意举止

可以了。后退时步幅要小。转体时，应该身先头后。如果先转头或头和身体同时转向，都不妥。当和客户交谈的时候，上身转向对方。距对方较远一侧的肩部朝前，距对方较近一侧的肩部稍后，身体和对方身体保持一定距离。

开关门还有一种特殊情况，就是只帮客户开电梯，不与其同乘。客户接近电梯时，微笑鞠躬并说“您好”，然后侧身按电梯开门钮。如是和客户一同走向电梯的，快到电梯时应快走一两步先到电梯处，快速按下开的按钮。待电梯开门后，身体侧向客户，一手挡住电梯门，一手邀请客户进。待客户跨进电梯后，撤回挡住电梯的手，再次微笑鞠躬说“再见 / 您慢走”。尤其是 VIP 专梯服务，只到固定楼层就应采用此服务。待客人到达指定楼层时，同样应有电梯员迎接其出电梯，问候并关照。

助臂服务

在服务工作中，往往需要对老、弱、病、残、孕之类的客户主动予以搀扶，以示体贴和照顾。这是给予对方的一种特殊照顾。我们称之为助臂服务。

一般指的是在走的过程中，用你的一只手或双手，去轻轻扶着服务对象的一只手腕或胳膊。服务人员在对客户进行搀扶帮助时，要注意：

发现确有需要助臂服务的，也要先征得其同意。像一些西方国家的老年人不太喜欢让他人觉得自己老，而不喜欢让服务人员“助臂”。

助臂的关键在于手位，要用一只手托扶住对方的胳膊肘，再以另一只手托扶在其小臂或手腕处。当对方无力自己站立时，就应用手臂轻轻用力穿过对方腋下搀扶对方。

搀扶他人时，步速不能过快，而是应与对方主动保持一致。否则，就好像拖着他人在走。还可以经常“暂停”一下，以便对方缓口气。

走姿注意事项

养成靠右行走的习惯。

顾及他人。不仅要选择适当的行走路线，和其他人保持一定的方位，而且还要保持一定的速度。不然的话，就很有可能阻挡他人的路。道路狭窄的地方，悠然自得地缓步而行，甚至走走停停，或者多人并排走，都是不礼貌的。一旦发现自己阻挡了他人的、特别是客户的路，一定要请对方先行。

只要不是一个人的所在，走路时就要注意形象，而不要使自己的情绪过分地表面化。

为让行走不妨碍他人，还要有意识地减小声音。鞋子应大小合适，并且不穿金属鞋跟或钉有金属鞋掌的鞋子，走路时落脚不要太用力。

不受欢迎走姿

不抬脚，蹭着地走。

耷拉眼皮或低着头走。

肚子腆起，身体后仰。

手臂、腿部僵直或身子死板僵硬。

写着“肃静”的场合，仍弄出重重的脚步声。

脚迈大跨步，双手左右横着摆动，像鸭子一样。

脚尖出去方向不正，呈明显的外八字脚或内八字脚。

不因场地而及时调整脚步的轻重缓急，把地板踩得“咚咚”作响……

服务手势训练

无论是在日常生活中还是在服务中，手势都是人们运用最多的一种身体语言。古罗马政治家西塞马说过：“一切心理活动都伴有指手画脚等动作。手势恰如人体的一种语言，这种语言甚至连野蛮人都能理解。”手势和身体的其他动作协调起来使用，会让我们的身体语言更丰富，也更能表达出对客户的关爱、体贴和尊敬。

常用手势

学习手势，最重要的是正确掌握和运用下面这些常用手势。

（1）垂放

双手可以伸直自然下垂，掌心向内，指尖向下，分别贴放于腿两侧裤线处，也可以掌心向内，虎口相交叠放在小腹前。安保服务人员也可以双手伸直自然相叠在背后。

（2）自然搭放

服务人员在工作岗位上所采用的自然搭放的手势，主要是服务时把手搭放在身前桌面或柜台上面的一种手法。

根据服务是站立服务还是坐姿服务，手的自然搭放有两种变化：

站姿时，身体距桌子或柜台约一拳远，上身挺直，两臂稍弯曲，肘部略向外，两手以手指部分放在桌子或柜台上。指尖朝前，四指并拢稍与拇指分开，轻搭在桌子或柜台的边缘。

坐姿时，身体离桌面保持约一拳的距离，上身挺直。除书写、调试等必要的动作，手臂可以摆放在桌子或柜台上之外，最好仅以双手手掌平放在桌子或柜台上面。把双手放在桌子或柜台上的时候，双手可以分开、叠放或相握。但不要把胳膊支起来，或是把一只手或双手放在桌子或柜台下面。

（3）持物

在工作场合持物时要注意：

稳妥。持物时要在拿起时先感受物品重量，根据重量选择不同的手势。可以双手或单手，只要确保物品安全，做到轻拿轻放。只需要用一只手持物时，应该用右手。

自然。根据物品的重量、自身的能力和实际的需要，服务人员可以选择拿、捏、提、握、抓、扛、夹等不同的姿势。但应避免夸张和“小题大做”，同时也不应发出怪声。

卫生。持直接和客人皮肤接触的物品尤其是食物或水，注意卫生是重要的一部分，切忌直接下手，也不要把手搭在杯、碗、碟、盘的边沿甚至使手指浸泡其中。

标准。持物时，注意讲究规范和标准。如茶杯应该握杯耳、行李箱应该拎提手部分等。不标准的持法不仅不美观，而且还可能会出现损坏物品的情况，这些都是要在服务过程中极力避免的。而且无论持物时是一只手还是双手，都应做到动作自然，用力均匀。不要翘起无名指与小指，显得成心作态。

（4）指引指示

指引指示注意使用手掌。指引过程中站在被指引的物品或道路的旁边，面对指引对象，手臂自然伸出，五指并拢，掌心斜向上，手掌和地面呈 45° 角，指向所要指引的方向。以肘部为轴，朝一定方向伸出手臂。（如图 2-4）

指示道路方向时，手的高度大约齐腰。指示物品的时候，手的高度根据物品来定，手臂、手掌和物品呈直线就可以了。指示人的时候，手的高度应齐胸。

递接物品

工作中递接物品也是广大服务人员应该锻炼的基本功。

（1）递接物品

双手递接。作为对客户的尊重，在递接物品的时候应该双手递接。即使是不方便用双手递接，也一定用右手递接物品。只用左手

图 2-4　注意指引指示手势

递接物品是非常失礼的表现。

递接到位。给客户递物品的时候，一定要递到对方手中，等客户拿稳后再放手。如果是特殊情况也要放在对方方便拿取的位置。接物时也最好用双手，接收物品后立即答谢对方。

主动上前。如果双方距离过远，自己应当主动上前。如果自己是坐着的话，在递接物品的时候要起立。起身不便时，也应欠身还礼。伸手去够和抛掷物品都是极不礼貌的行为。

方便接拿。服务人员给对方递物品的时候，要考虑到对方方便接拿，要给对方留出接取物品的空间，不要让对方无从下手。递带有文字的物品，应该使之正面朝着对方。递带尖、带刃等物品，不可以把尖、刃朝向对方。无论是从安全角度还是从礼仪角度来说，都应该把尖、刃部分朝向自己，并提醒对方“请小心/请注意安全”。

（2）展示物品

向客户展示物品要注意：

无论是什么样的展示，一定要方便客户观看。将展示物品的正面朝向对方；展示在方便客户观看的高度；给予客户足够的时间去看，以及适当变换角度满足四周的客户观看或满足客户对某件物品的详细观看的要求。

无论服务人员在展示物品时是口头介绍还是动手操作，都要符合有关标准。解说介绍时，口齿清晰，语速舒缓。动手操作时，手法干净、利索，速度得当，并适当进行必要的重复。

把物品举起来展示时，应该双手托住物品底部，将物品举到眼睛的高度，但物品应该在身体的一侧，并且不宜挡住本人头部。这种方法适合被人围观的时候展示物品。

需要捧起物品展示的时候，一般是双手捧起物品，双臂呈环状端于胸前，物品高度一般以上不过眼、下不过胸为宜。

需要把物品捧到客户面前展示的时候，一般是双手捧住物品，也可用托盘。前伸双手，高度在客户胸前的位置，但离客户要有一定的距离，尤其注意动作要平、稳、慢，把物品掉落或是碰到客户身上都是极不应该的，同时还要考虑到物品是不是有热气或气味之类，不可以直接把物品伸到客户的鼻子底下，要注意适当的距离。餐饮服务人员捧送食物时可以戴上口罩。

手势禁忌

服务工作中，多余或不当的手势，会给人装腔作势、缺乏涵养的感觉。

手势动作幅度不宜过大，次数不宜过多，不宜重复。总之：手势宜少不宜多。

和客户交谈，讲到自己的时候不要用手指自己的鼻尖，而应用手掌轻抚自己胸口部位。

谈到他人的时候，不要用食指指着他人，更忌讳背后对人指指点点。

接待中，避免抓头发、玩饰物、掏鼻孔、剔牙齿、抬腕看表、高兴时拉衣服袖子等粗鲁的手势动作。

做指引指示时，最忌“一指神功”（用食指指人）。就像查点人数，如果用“一指神功”来操作，这样的手势不知道是清点人还是在数羊。完全可以用规范手势指向对方，这样才大方、专业。

服务工作中不能双手抱头。很多人喜欢用单手或双手抱在脑后，这一体态的本意也是放松。在他人面前特别是服务对象面前这么做的话，就给人目中无人的感觉。

避免摆弄手指。反复摆弄自己的手指，要么活动关节，要么捻响，要么攥拳头，或是手指动来动去，往往会给人以一种无聊的感觉，让人难以接受。

不允许把一只手或双手插放在自己的口袋里。这种表现，会使客户觉得你在工作上不尽力，忙里偷闲。

掌心向下的招手动作，在中国主要是招呼他人，在美国是叫狗过来。在服务过程中要极力避免使用这个手势，尤其是对外宾。

跷起大拇指，一般都表示顺利或夸奖他人。但也有很多例外，在美国和欧洲部分地区，表示要搭车，在德国表示数字“1”，在日本表示“5”，在澳大利亚就表示骂人。和他人谈话时将拇指翘起来反向指向第三者，即以拇指指腹的反面指向除交谈对象外的另一人，是对第三者的嘲讽。

OK 手势。通常用拇指、食指相接，连成环状，余下三指伸直，掌心向外来表示。OK 手势源于美国，在美国表示“同意”“顺利”“很好”的意思；而法国表示“零”或“毫无价值”；在日本是表示“钱”；在泰国表示“没问题”，在巴西则表示粗俗下流。

V 形手势。这种手势是“二战”时的英国首相丘吉尔首先使用的，后来传遍全世界，是表示“胜利”；但如果掌心向内就表示骂人了。

亲和表情训练

表情是无声的语言。人际交往中，表情真实地反映着人们的思想、情感、反应，以及其他各方面的心理活动。传播学认为，在人们所接收的来自他人的信息之中，只有 45% 来自有声的语言，而 55% 以上来自无声的语言。在后者中，又有 70% 以上来自表情。不管这个观点是不是正确，但表情对人们的交流与沟通的影响无疑是巨大的。

怎样注视

眼睛是心灵的窗口。对每个人来说，眼神能够最明显、自然、精准地展示自身的心理活动。学会用眼神说话，你的表情变化将是无穷无尽的。

一般同对方目光接触的时间是和对方相处总时间的 1/3，每次看他人的眼睛三秒左右，这样会让对方会感觉得比较自然。

和客户交谈时，服务人员应多注视客户。经常保持双方目光接触，长时间回避对方目光或左顾右盼，是“心里有鬼”或不感兴趣的表现。但一直直勾勾地盯着对方，也很失礼，甚至会让客户认为你对他\她的兴趣已经超过了商品或是服务本身。随着话题内容的变换，采用及时恰当的目光回应，使整个交谈融洽、和谐而且生动。交谈中当双方都沉默时，应该把目光移开，以免因为一时没话题而感到尴尬或不安；当客户说错话或拘谨时，不要正视对方，以免对方误认为是讽刺和嘲笑。

向客户问候、致意、道别时，用柔和的目光注视对方，并面带微笑，以示尊敬和礼貌。

运用目光时，做到把目光柔和地照在客户脸上，而不是单单注视眼睛，给人死盯着不放、瞪着或是不友善的感觉。但也不能从脚底看到头顶地反复打量，更不可长久注视异性客户。每种眼神传递的多是约定俗成的含义，不能随心所欲地胡乱使用。

作为服务人员目光注视时应注意：

注视不熟悉的客户：大三角（以额头为顶点，两肩为底点所形成的三角形区域）；

注视较熟悉的客户：小三角（头顶至面颊）；

注视很熟悉的客户：倒三角（两眼至鼻子）；（如图 2–5 所示）

客户服务中，不该看的地方不看，不注视对方头顶、胸部、腹部、臀部、大腿或脚部和手部等“禁区”，否则会引起对方的强烈反感。

对于异性客户，千万不要上下左右反复打量，这种扫视的眼光

不熟悉的客户注视区

较熟悉的客户注视区

很熟悉的客户注视区

图 2-5　不同的注视区域

会让人感觉很不舒服。

眼皮眨动一般每分钟 5~8 次，如果过快表示思维活跃或在思索，过慢就表示轻蔑、厌恶等，有时候眨眼也可以表示调皮或不解。如果对方眼球反复转动，往往表示在动心思。如果“挤眉弄眼”就是表示在向人暗示。所以不但要观察他人的眼神，更要把握好自己的眼神。

从注视的角度来说，提倡平视（即在注视他人时，身体和对方处于相似高度）。以表现出双方地位的平等和本人的不卑不亢。

眼神训练

明清时代的某部小说中有一段描述眼神的文字这样写道：“……她将鼓槌子轻轻地点了两下，方抬起头来，向台下一盼。那双眼睛如秋水、如寒星、如宝珠、如白水银里头养着两丸黑水银，左右一顾，一看，连那坐在远远墙角里的人都觉得她看见自己了。那坐得近的，更不必说。就这一眼，满园子里便鸦雀无声，比皇帝出来还静悄悄得多呢，连根针掉在地下都听得见响。”

这个眼神，就是即将开始表演的信号，就是无声的问候和命令，比高喊一声“请安静”的效果要好得多。

如果觉得自己的眼神不够“有神”，想达到像小说中那样有效地传情达意的境界，就需要训练眼神。每天用 5 分钟的时间，对着镜子静坐。用一张纸遮住眼部以下，欣赏自己的眼睛，让镜子里面的眼睛和你的眼睛交流（放一首你最喜欢的歌曲），不借助嘴形，让眼睛微笑。直到你明显地看出是微笑为止。每天用 5 分钟做一段手眼配合练习操，锻炼眼睛的灵活性。这样久而久之，你也会有一双“明眸善睐”的眼睛了。

表情信息

表情又包括：头部、面部、眼神、嘴唇的动作四部分。

（1）头部动作含义

头一摆，显然是表示快走之意。

点头，表示应答、同意、理解和赞许。

头部向上，表示希望、谦逊、内疚或沉思。

头部向前，表示倾听、期望或同情、关心。

头部向后，表示惊奇、恐惧、退让或迟疑。

身体挺直、头部端正，表现的是自信、严肃、正派、有精神的风度。

（2）面部表情含义

眉毛闪动表示欢迎或加强语气。

扬眉表示兴奋、庄重等多种情感。

脸上泛红晕，一般是羞涩或激动的表示。

皱眉表示不同意、烦恼，甚至是盛怒。

眉毛扬起后短暂停留再降下，表示惊讶或悲伤。

脸色发青发白是生气、愤怒或受了惊吓异常紧张的表示。

美国前总统林肯的一位朋友曾向他推荐某位人士为内阁成员，林肯却没有用他。他的朋友很不理解，因为那个人的资力、经验、水平都很突出。林肯说："我不喜欢他那副长相。"林肯认为："一个人过了40岁就该对自己的脸孔负责。"

林肯的话说明了一个道理：人的容貌是天生的，但人的面部表情和其他身体语言一样，是可以熏陶和改变的，是由人的内在变化、文化修养、气质特征所决定的。

（3）眼神的含义

仰视表示思索。

斜视表示轻蔑。

俯视表示羞涩。

眼睛正视表示庄重。

（4）嘴部动作含义

嘴唇撅着，表示生气、不满意。

嘴唇闭拢，表示和谐宁静、端庄自然。

嘴角向上，表示善意、礼貌、喜悦。

嘴角向下，表示痛苦悲伤、无可奈何。

嘴唇紧绷，表示愤怒、对抗或决心已定。

嘴唇半开，表示疑问、奇怪、有点惊讶，如果全开就表示惊骇。

所以，服务人员可以以此观察客户，并做出因势利导的进一步的行动。

打造亲和笑容

西方有一句谚语："不会笑就别开店"。

良好的第一印象来源于人们的仪表谈吐，而微笑则是最能赋予人好感，增加友善和沟通，愉悦心情的表现方式。一个对你微笑的人，必能体现出他的热情、修养和他的魅力，从而得到他人的信任和尊重。

甲："服务人员胸前为什么佩戴照片呢？"

乙："谁不知道呀，这是开展微笑服务啊！"

甲："这和佩戴照片有什么关系？"

乙："你没看那照片上的人都是微笑的嘛！"

当然，这也仅仅是个小幽默而已。要塑造美好笑容，必须加强笑的艺术修养，剔除不良习惯，做到四要、四不要、九个一样。

微笑四要：一要口眼鼻眉肌结合，做到真笑。发自内心的微笑，会自然调动人的五官：眼睛略眯起、有神，眉毛上扬并稍弯，鼻翼张开，脸肌收拢，嘴角上翘，唇不露齿。做到眼到、眉到、鼻到、肌到、嘴到，才会亲切可人。

二要神情结合，显出气质。笑的时候要精神饱满、神采奕奕，要笑得亲切、甜美。这样的笑伴以稳重、伴以文化修养，就能显出气质。微笑在于它是含笑于面部，"含"给人以回味、深刻、包容感。

如果露齿或张大嘴笑起来，再好的气质也没有了。

三要声情并茂，相辅相成。微笑和语言美是孪生姐妹，甜美的微笑伴以礼貌的语言，两者相映生辉。如果脸上微笑却出言不逊，语言粗野，微笑就失去意义；如果语言文明礼貌，却面无表情，让人怀疑诚意。只有声情并茂，服务的热情、诚意才能为人理解。

四要和仪表举止的美和谐一致，形成完美统一的效果。

微笑四不要：不要缺乏诚意，强装笑脸；不要露出笑容随即收起；不要仅为情绪左右而笑；不要把微笑只留给上级、朋友、老客户等少数人。

另外，微笑服务要讲究“九个一样”：领导在场不在场一样；内宾外宾一样；本地客与外地客一样；生客熟客一样；大人、小孩一样；生意大小一样；买与不买一样；购物于退货一样；主观心境好坏一样。

总之，如果平时不善言笑，就需要通过训练有意识地改变了。

微笑速成训练

希尔顿饭店是全世界最知名的连锁酒店之一。希尔顿当年以5000美元起家开了希尔顿饭店。在美国经济萧条最严重的1930年，全美的酒店倒闭了80%，希尔顿的饭店也连年亏损，希尔顿仍要求每个员工：“无论饭店本身遭遇怎样，希尔顿饭店服务人员的微笑永远是属于饭店的阳光。”微笑不仅使希尔顿饭店率先渡过难关，而且带来了巨大的经济效益，发展到在全世界有70多家连锁店，资产总值达数十亿美元。“你今天对顾客微笑了没有”也成了希尔顿的名言。

微笑不分文化、民族、种族或宗教，是世界通用的最有效的沟通语言。不需花一分钱，却永远价值连城。

微笑可以缩短人与人之间的距离，化解令人尴尬的僵局，是沟通彼此心灵的渠道，使人产生一种安全感、亲切感、愉快感。当你向客户微笑的时候，实际上就是以巧妙、含蓄的方式告诉他，你尊重他，这样，也就容易获得尊重和喜爱、赢得信任。亲和的微笑怎样练习呢?

微笑时，先放松面部肌肉，然后使嘴角微微向上翘起，让嘴唇略呈弧形。微笑必须注意整体配合。微笑虽然是简单的表情，但要想成功运用，除要注意口形外，还要注意面部其他部位的配合。一个人在微笑的时候，目光要柔和发亮，双眼略为睁大；眉头自然舒展，眉心微微向上扬起。这就是人们常说的“眉开眼笑”。还要避免耸动鼻子和耳朵，可以把下巴向内自然地稍许含起。

空姐那样迷人的微笑也是练习出来的。我们提供五个训练方法，只要坚持一个月，你就能拥有空姐般迷人的微笑了。

（1）对镜子摆好姿势，像婴儿咿呀学语时那样，说“E”“G”“钱”让嘴的两端朝后缩，微张双唇。这几个字母或字中，我发现默念“钱”这个音的效果最好。

练习的时候，要轻轻浅笑，减弱发音的程度，这时可以感觉到颧骨被拉向斜后上方。相同的动作反复几次，直到感觉自然为止。

（2）先把手举到脸前，手按从嘴角向外做拉的动作，一边想象笑的形象，一边使嘴笑起来。

（3）把手指放在嘴角并向脸的上方轻轻上提，一边上提，一边使嘴充满笑意。

（4）手张开举在眼前，手掌向上提，并且两手展开，随着手掌上提，打开，眼睛一下子睁大，眼前豁然开朗，笑意悠生。

（5）鼓小半口气，眼睛和气一起顺时针、逆时针的转，可以练习眼睛和嘴的灵活性，然后再微笑。（如图 2–6 所示）

照着这些方法好好练习吧！如果我们用微笑对待他人，得到的也必将是一张张热情、温馨的笑脸。

每当你烦闷、恼怒、郁郁寡欢的时候，不妨强迫自己露出笑脸，而且还可以拿着一面小镜子，对镜练习，对着镜子的几次勉强微笑后，相信你的心情真的会好很多。

微笑，对于服务业尤为重要。可以说，微笑是工作职责之一。客户首先是看服务人员的面孔、表情；不是先买商品，而是先“买”我们的态度。假如服务人员面带微笑、态度热情，就能减少摩擦、化解矛盾，吸引客户。从这个意义上，微笑的表情，热情待客就是公关工作。当遇到高兴或不高兴的事、当工作寻常得没有激情可以发生，不管当时的心情怎样、如何去想，在客户面前始终别忘了给

图 2-6　迷人微笑可以练出来

自己一个微笑，给客户一个微笑。常常微笑的人，运气不会差。

试想，谁会喜欢“苦瓜脸”“驴脸”的服务人员呢?

服务致意训练

客户服务工作中，致意礼有多种，是为表达友善、尊重、热情与欢迎等情感的礼节。

握手致意

服务过程中有时会涉及和客户握手，握手是国际通行的礼节，也是人际关系交往的基本礼仪之一。和客户握手时，服务人员要讲究:

用右手。左手不宜使用，双手相握一般表示过于谦恭，所以没必要使用。

注意先后顺序。握手时，最基本的原则是：让受尊敬的人决定是否伸手相握。所以，如果客户不先伸手，服务人员通常不用主动伸手和客户相握。

注意握手时间。握手的时候，一般握上两、三秒钟就行了，除非那种礼节性的、供拍照时候，握手时间可以长一些，但服务人员往往不涉及这个问题。

注意握手力度，和客户握手应力度适中，根据对方力度来相应的调整自己握手力度。

注意握手方式。如果客户主动向你伸出手，这时应大方迎上去，在距离客户一米远处停下，握手时双方虎口相交，握住对方虎口至手指处。握住后双方自然地上下摆动两三次即可。

握手还要注意：不要目光游移，漫不经心；不要戴着手套握手；不必用双手相握；不应只伸手却不握，给人轻漫冷漠的印象；避免交叉握手……

鞠躬致意

鞠躬是站姿状态下的一种礼节形式，也是表达恭敬、尊重、感谢的常用礼节。内化于心，外化于形。所以鞠躬时要从心底发出对对方感恩感谢、尊重的意念，从而体现于行动，给对方留下诚意、真实的印象。

鞠躬方式分为三种，15°、30°、45°鞠躬。15°用来打招呼致意或迎宾，30°用来送客或接待贵宾，45°是最尊贵、最谦卑的致意，送客、致歉或致意也都可以用。当然，还有90°鞠躬礼，国内我们一般不提倡用如此深度数的鞠躬。

鞠躬忌讳：只低头、不看对方、头部左右晃动、眼睛盯着客户看、双腿没有并齐、驼背式的、从正面可以看到后背的鞠躬。

举手致意

向远距离的客户打招呼或者看见熟悉的人，又无暇分身，就可以举手致意，可以立即消除对方的被冷落感。要掌心向外，面对对方，指尖朝上。千万不要五指分开乱摆。

不必出声或高声大喊，而只需要举起右手，掌心朝向对方，轻轻摆一两下就行了，摆幅不要太大，手不要反复摇动。这种手势适合在公共场合与熟人打招呼，或者距离较远不方便说话时，可以举手示意引起对方注视。

点头致意

点头致意，就是头稍微向下一点，注视对方，给以微笑。这种方式多用于不方便交谈的场合。如会议、会谈正在进行，同一地点多次见面，工作中遇到并不认识的客户，上下班和同事经常见面等场合都可以使用。在方便说话的场合，点头时可以加上问候则显得更为亲切。

欠身致意

当坐着的时候有人为你介绍、遇到熟人、朋友、同事的场合，可以欠身致意，上半身稍向前倾，不低头，面带微笑注视对方；欠身时不起立或只需稍微起立，不必完全站立。

应了解的身体语言

行为举止是心灵的外衣。身体语言或者说身体仪态，是人们的心理状态、思想感情的真实外露。

大家看过陈佩斯和朱时茂的小品《主角与配角》吗？这个小品就是通过对身体语言的刻画，生动演绎出“好人”“坏人”。

作为服务人员或客户，谈不上“好人”与“坏人”之分。但服务人员要想给客户留下积极、热情、专业的良好形象，就必须多多注意自己的身体语言、并留意客户的身体语言。

身体语言“三忌”

忌杂乱。凡是没用的，不能表达情意的动作，如搔痒、玩弄头发、当众梳头、玩弄手指或咬指甲、脚不停抖动、当众化妆或涂指甲油、舌头在嘴里乱动、坐立不安、打呵欠、随便搓手、摸桌边等都不要做。

忌泛滥。空泛的、重复的、缺少信息价值的身体动作，像两手在空中不停比画、双腿机械地抖动等，不但没用，而且极为有害。

忌卑俗。卑俗的身体语言，就像在向他人乞求什么，非常损害自我形象。要有意识地避免这些仪态，不要过于卑俗。否则仅表现得虚伪，而且还有拍马屁和献殷勤的嫌疑。比如倚门而立，站立情况下和客户说话时弓腰，点头哈腰，还有对方说一句话自己不停点头等。

身体姿态和动作

“最是那一低头的温柔，像一朵水莲花不胜凉风的娇羞”。这是多情诗人徐志摩的经典诗句，就是通过“一低头”这一身体语言的描述，说明了这位多情诗人和一位日本女子在短暂邂逅之后不舍离分的情怀。

可见，不同的身体语言，表达出不同的效果和含义。服务人员在工作岗位上，必须要注意自己的仪态，以形成专业而规范的职业形象。身体姿态和动作所表达的意思列举如下：

双臂交叉抱在胸前，是企图防御对方精神上的威胁而下意识形成的防范动作。

双臂紧紧交叉，手握紧，这就暗示出更强烈的防御信息和敌对态度，并会伴随着咬紧牙关，涨红脖子的面部表情。

双臂交叉，用一只手握住另一只胳膊，这个信号显示了紧张期待的心情，也是一种试图控制紧张情绪的方式。如等待登机、等候拔牙、见到陌生人有点紧张或回答问题有些畏怯的时候。

双臂交叉，两个拇指往上翘，这是表示泰然自若，或超然度外，或冷静旁观，或优越至上的信息，其中又包含着一定的防御态度。

一只胳膊横挎胸前，并用这只手握住另一只胳膊，这是一个人处于陌生的交际场合，缺乏自信，有点紧张不安时采取的姿态。

双手相握，还有伪装性的手臂局部交叉，这类姿势也带有防御性，但更隐蔽和微妙。

眉毛向上扬、头一摆：表示难以置信，有些惊疑。

用手揉揉鼻子：表示困惑不解，事情难办。

双手置于双腿上，掌心向上，手指交叉：表明希望他人理解，给予支持。

用手拍拍前额：表示健忘。如果是用力一拍的话，则是表示自我谴责，后悔不已。

手心向前：表示“打住”，是想请听众倾听他的讲话；也有阻止的意思。

耸耸肩膀，双手一摊：表示无所谓，或无可奈何，没办法的意思。

身体前倾：可以表示喜欢听对方说话，也可以认为是诚恳和自信。

身体前倾又后撤：表示他对你说的话不太同意或者有些反感。（如表 2–1 所示）

表 2–1　不同手势所表达出的语言

1	手心向上	坦诚直率、善意礼貌、积极肯定	10	摆手	不同意、不欢迎、快走
2	手心向下	否定、抑制、贬低、反对、轻视	11	两手叠加	互相配合、互相依赖、团结一致
3	抬手	请对方注意，自己要讲话了	12	两手分开	分离、失散、消极
4	招手	打招呼、欢迎你、请过来	13	紧握拳头	挑战、表示决定、提出警告
5	推手	对抗、矛盾、抗拒或观点树立	14	竖起拇指	称赞、夸耀
6	单手挥动	告别、再会	15	伸出小指	轻视、挖苦
7	伸手	想要什么东西	16	伸出食指	指明方向、训示或命令
8	藏手	不想交出某种东西	17	多指并用	列举事物种类、说明先后次序
9	拍手	表示欢迎	18	双手挥动	表示呼吁、召唤、感情激昂、声势宏大

小提示大道理

重要接待中，当数位服务人员站一排时要注意：人员的身高尽可能一致或由高到低、或由低到高的顺序排列；着装严格遵守规范（包括手套颜色、长短这样的细节）；保持标准站姿，身体、眼神都不能乱动。

第三课

文明用语规范

THE
THIRD LESSON

他山之石

我在十多年的礼仪培训中，遇到过太多服务岗位人员使用不规范的服务用语现象。

无论是企业还是事业单位或者是政府机关，不规范的服务用语让人感觉就是管理涣散、没有规矩，难以获得认同。

就像再高档的餐厅，如果服务人员一句“您还要饭吗”，马上会让客人对服务人员的素养、对餐厅的管理产生怀疑；而医院，哪怕医生、护士再贴心、医疗技术再高，患者离院时，医护人员的一句“再见”，同样会让本来就多疑的患者心生不快、难以持续好感。即使用了文明用语，如果语气粗鲁，或者和客户没有任何情感交流，在客户看来这样的用语还不如不说，因为你的眼里也没有他，不重视他。

规范地使用文明用语是对服务人员提出的重要要求，也是服务人员务必要做到的。它同时也是服务人员和客户建立良好沟通的桥梁。

俗话说“言为心声”，规范文明的服务用语不仅是和客户良好沟通的保证，而且还可以让客户感受到服务人员严谨规范的工作态度、律已敬人的职业精神。

就其现象来说，很多服务机构，无论是企业还是行政机关、事业单位，文明用语的使用不是不规范，就是干脆不用文明用语，从而让人产生“门难进、脸难看、话难听、事难办”的不好印象。

塑造服务心态

说文明用语并不难，难的是能真正意识到使用文明用语的必要性，并能从心里接受它、规范地使用它。我想应该从三方面来考虑使用文明用语的必要性。

客户方面

市场经济下的竞争导致客户对商品的要求，已变成“商品的质量、服务人员的态度以及相关的服务”。对客户来说，他们可以“用腿说话”，根据自己主观、客观的观察与思考，决定迈进哪家企业。不管这种观察思考是不是公正，但事实就是如此。

当客户不满时，一句文明用语可以大大提高客户的信任感，减少冲突产生的可能，甚至化干戈为玉帛。

一句适宜的文明用语，往往会使人享受春风徐徐拂面般的温馨，就像甘露一样滋润着客户的心灵，客户对服务人员、对企业、对产品的良好印象就会在心里生根、发芽、成长。

所以，客户必须要求服务人员尽职尽力地做好服务工作，用好文明用语。

况且，客户就是上帝，就是衣食父母。为客户提供文明用语服务，也是理所当然。

单位方面

服务人员除企业外，当然还包括行政机关、事业单位人员。

（1）从企业方面来说

企业是以赢利为目的的社会组织。而在硬件相似的条件下，现代企业的竞争实质就是服务的竞争，所以，良好、完善、令客户满意的服务是企业赢得竞争之所在。而服务人员正是服务工作的具体载体、实施者。企业的价值观、企业形象、服务理念这时候就转化成了服务人员的言谈举止，再通过服务人员言谈举止的具体实施，展现出企业的价值观、企业形象、服务理念。所以，不尽职、不到位的服务就等于把企业的形象和理念，乃至企业的产品打了个折扣。以这样的服务态度示人，何谈企业形象、何谈企业竞争力！

而客户了解企业、了解企业产品，最初只能从服务人员这个层面观察、了解。客户往往把服务人员的言谈举止等同于企业的形象、理念以及企业的产品。不管这是不是客观，事实同样也是这样。

（2）从行政机关、事业单位来说

服务对象和服务人员之间其实也是一种“雇佣关系”：服务人员的工资来源于服务对象——客户缴税的税、费。所以，做好服务工作，使用文明用语，这是工作的最起码要求，也是拉近和人民群众关系的纽带。而且作为服务对象来说，也越来越要求行政机关、事业单位工作人员一样提供高标准的、规范的服务，否则，就可能导致客户的不满意、投诉、举报。

经常发生的投诉现象中，相当部分是因为语言上不够文明，表现得“生”“冷”“硬”，导致服务对象不仅对工作人员有看法，甚至影响到对服务机关、政府部门有意见。

习近平同志在中国共产党的“十九大”报告中指出，当前我国的主要矛盾是人民对美好生活的需要与不平衡不充分发展之间的矛盾。我们作为服务单位、服务岗位，就是要让人民群众对我们的高品质服务有感。而文明用语，正是其基本表现之一。

所以，各单位必须要求窗口服务岗位使用文明用语，严抓落实，扑下身子，放下架子，摆正位置，尽职尽力地为人民服务。

自我方面

服务的过程，就是展示自我、展示企业、展示产品的过程。毫无疑问，良好、规范的服务本身就是在告诉客户：我们值得信赖。客户对服务人员的认可，对服务的认可，就是对企业的认可、产品的认可，这就是服务人员的价值所在。

另外，服务人员就是以给客户提供服务为基本工作职责，而不是简单、机械地递接商品的过程，否则，和机器人又有什么区别呢？那种一问三不知、再问不耐烦的现象，不仅对不起自己的那份薪金，更是有违起码的职业道德。

所以，自己也必须要求自己使用好文明用语，尽职尽责、全力以赴地做好服务工作。

培养语言能力

文明用语的使用，并不意味着只是几个简单、机械的词，也不仅是见面之初的一句简单问候，而是一个融入情感、环境、相关语言以及文明词语的关联过程。

注意整体

语言是说给别人听的，目标明确、场合适宜的语言表达可以让客户更加明确你说话的思想和意图。而且，文明用语的使用并不是单一的，往往前后还有其他语境。只有整体处理得当，才能真正产生积极、最佳效果。

刘能是刚应聘到公安局出入境管理科工作的大学生。一天，来了一位外宾办事。刘能当时正忙着其他事，看见有人来了，赶紧放下手头的工作，微笑地问候“您好”。他双手接过材料后，发现外宾递交的材料有好几个地方不符合规定，就说：“您好，这递交的材料手续齐全。但根据规定，材料的这几项，还需要您按这种要求重新整理一下，好吗？”边说边具体指出了材料需要更正之处，还给他出示了范本文件。

这位外宾更正完毕材料、办完事情后，还特意在他们的意见簿上写下了诚恳、热情的表扬信。

可见，作为一名优秀的服务工作人员，注意语言的整体处理，培养自己的这种语言能力非常重要。

很多服务工作人员由于缺少语言训练，语言表达没有明确的目标意识，总是用一些无关痛痒的话掩盖或冲淡了主题，这时即使用文明用语，也往往达不到交际的实效。这就需要服务人员拥有渗透情感的语言驾驭能力，让自己的话像磁铁那样有效吸引听众。

驾驭语言

那怎样驾驭自己的语言呢?

在人际交流中情感的号召力是任何物品所不能替代的。要想唤起对方倾听的兴趣，必须让自己的话符合听者的感情需求，充分尊重对方的尊严，唤起共鸣。在交流过程中就要尽可能在情感上肯定对方的“是”，又尽可能不否定对方的“非”。说出任何话之前都必须考虑对方的内心感受，做到换位思考。试想如果直接说：“你错了，你不应该这样”，对方也许立刻会心生不快；如果换成“从某种角度，您说的有道理，但由于……原因，所以……”“这件事如果这样处理，效果可能更好一些。”就是说当你要用否定词和对方交流的时候，就要注意语气的婉转，做到“晓之以理，动之以情”，让对方在自尊心得到充分满足的前提下，更容易接受你说的话。（如图 3-1 所示）

这时候，再加上规范的文明用语，无疑会使交流沟通起到更大的作用。

另外，在信息传达过程中，由于表达方式、措辞、语音、语感、语调，甚至由于面部表情等多方面的细微差异，都会给客户造成不同的反应。

善于说话的人，总会让听者凝神静气；不善言辞的人，总是让听者兴味索然，从内心滋生出抵触、反感情绪。

注意倾听

俗话说：“物以类聚、人以情投。”要想让客户倾听你的话，就必须把赢得他的好感放在重要位置。文明用语也是你服务的实力装备。

要学会赢得客户对你的好感，我们可以尝试从下面几个方面来做：

切忌“睁眼说瞎话”，更不能以势压人；

尽量陈述事实，不对事实妄加评论、滥下结论；

图 3-1　注意驾驭好自己的语言

诚恳、坦率，承认说错的话，并坦诚地向客户致歉；

融情于理，以情感人，以理服人，以唤起客户的共鸣；

据研究，一般人说话的速度是每分钟150~180字，相当于思维速度的4~5倍。倾听者注意力稍一分散，所说的话就只能听进一半，容易出现说和听存在差异的情况。要想在交流中掌握主动，就要用心、耐心倾听并分析概括客户所说的内容：

思想集中，对方说话的时候，尽量避免做其他事；

微笑关注对方，不时点头并辅以“嗯”“是啊”“好的”等话语回应，以示听到或认同，并鼓励对方继续诉说；

概括对方说话的要点和中心。对方所说的事较复杂时，应该这样做；

善听“弦外之音”（有些谈话并不方便直截了当地表达自己的观点、想法，而用暗示、比喻等方式，有时甚至正话反说。假如仅从表面去理解对方的含义，往往会发生偏差）；

做到从容不迫，多一点耐心，这样才能做好倾听，让客户更愿意说，而不是表现出不耐烦。

只有如此，才能让文明用语的使用达到最理想的效果。

文明用语要求

战争的战略战术上强调瓦解、攻克敌人要“攻心为上”。文明用语在和客户交流过程中的使用，就是一个攻心的过程。在这个过程中，我们要注意以下内容。

声音优美

优美的声音，可以使服务人员的说话更有魅力、增强交流效果。声音塑造需要从语音、音量、语调、语速、语气五个方面训练。

（1）语音标准

说普通话是服务人员都必须遵守的一条规则。除非面对听不懂普通话的人，否则都要使用普通话。不然，只能说明服务人员或者这家单位没见过世面、保守排外。

还要咬字清晰、发音准确，要注意第一声、二声、三声、四声（即阴平、阳平、上声、去声）的区别。

（2）音量适度

服务人员在和客户口头交流的时候，音量控制在客户能听清楚为宜，过高或过强往往让人感觉态度生硬、粗暴，而且还有可能让客户有震耳欲聋的不舒适感。音量过低过弱，则又会使自己显得有气无力、沉闷不堪，甚至有被怠慢的感觉。而附耳低语，又会给人太过亲近或轻浮的感觉。

适度的音量，往往表现得婉转、平稳，让人倍感亲切，增强感染力和吸引力。

（3）语速适中

就正常人的思考和接受能力来说，说话的语速一般每分钟

150~180个字就可以了。过快过慢都会让客户听起来觉得费力，过快的语速会给人性情急躁、不耐烦的感觉；拖腔拉调会给人不情愿、矫揉造作的印象。

（4）语气正确

语气也就是说话时候的口气。语气一般表现为陈述、疑问、祈使、感叹、否定等不同的形式。语气是交谈者情感的流露，所以不同的语气往往被认为有不同的言外之意。这就要求服务人员在工作岗位上表现出的语气只能是热情、亲切、和蔼和耐心。绝对不可以在工作岗位上流露出急躁、生硬和轻慢。

语气急躁是指在和客户说话的时候，显得焦急、暴躁、激动或者不耐烦。比如“快点”“挑够了没有”“快下班了”等。

语气生硬是指在说话的时候，显得勉强、生冷、僵硬、不柔和。比如“着什么急”“等着”“废话”“别乱动”等。

语气轻慢是指说话的时候，显得歧视、怠慢、轻狂。比如“听说过没有”“你见过吗”“买得起吗”“看好要求再说”等。

表达恰当

说话要力求语言的完整、准确、贴切，言简意赅、中心明确。

有个相声，说的是某饭店服务员“擅用”简称，终于闹了大笑话。一天来了几位客人，分别是上海吊车厂的、开封刀具厂的、长沙棉纺织厂的、淄博砂轮厂的、三联书店的。在分配房间的时候就热闹了：“上吊”请上1002，“开刀”请上1008，“常眠”（长棉）请上 2005，“自杀”（淄砂）请上 2011，“三叔”（三书）请上 2020”。

可见，作为服务人员来说，语言的完整、贴切是何等重要！

仪态配合

某知名产品销售商曾推行“阳光服务”，号称在他们那里，客户会感到“阳光般的温暖”。于是不少媒体就去慕名采访，结果怎么样呢？我们还是先看三个镜头。

门口进门方向站着两位迎宾：她俩扯着脖子喊“欢迎光临”，因为太过卖力，脸红脖子粗，除了皱眉也顾不上其他表情了。一位把双手背在身后；另一位则一只手放在兜里，另一只手自然垂放。

自动扶梯上行线的两位迎宾：只要有人下来，他们就一起轻度鞠躬致意并说：“欢迎光临”。不过，一位眼睛斜看着前方，另一位干脆在往自己身后看着什么。

还有一个特写：列队的四位迎宾人员着装不一、身高不一。这一点，应该不是该商家的特殊创意。

后来很多人就这个现象展开了激烈的批评，反而给该商家造成了不好的影响。

可见文明用语并不是说出来就行了，而且还要让听者——客户感觉到是具体的对事、对人，而不是感觉在播录音机。要达到这样的效果，就要做到相关的配合：眼神的使用、微笑的到位、身体语言的配合。

在说文明用语时，眼神必须注视对方，同时呈现出微笑，有时还要配合身体语言，如点头、鞠躬或者做出请的手势等。

忌讳说的时候面无表情、眼神飘忽不定、大喊大叫、低声细语。

文明用语使用

八句文明语

在服务过程中，文明用语是服务人员的基本语言，体现了服务人员的综合素质和道德修养，同时文明用语也是对客户的尊重、热情的具体化表现。要想获得他人的尊敬，首先要尊敬别人，这样才能赢得客户的好感和认可，服务才会被客户接受和肯定。

最常见的服务文明用语有八句，我们称之为八句文明用语，把它们熟练掌握和运用在各种不同的场景中，无疑将会塑造出良好的沟通氛围。八句文明用语如下：

欢迎光临。

请稍候。

久等了。

不好意思。

明白了。

对不起。

谢谢。

欢迎下次再来。

八句文明用语的具体意思如下。

（1）欢迎光临

一般是在所有销售服务场合迎接客户的第一句话，言外之意是“谢谢您从众多商家中选择我们”“有什么要求请尽管说，我们的工作会让您满意”。说这句话的时候，一定要大方而且有节奏，这样才能给客户留下良好的第一印象。

（2）请稍候

我们要避免用“请稍等”，因为客户可能会接话茬说上一句：“等到什么时候啊？”而相对来说，“稍候”这个词从心理感觉上就显得短一些。同时要求说这句话的时候，既要有感情色彩、又要坚定，表达出你会迅速处理的决心。

（3）久等了

只要有让客户等待的事情发生，就一定要迅速、真心诚意地走到客户面前，并以歉意的语气说“久等了”，以示诚意，并且迅速进行接下来的服务动作。说这句话的时候，一般伴以微笑鞠躬，以表示出你的歉意。

（4）不好意思

说出“不好意思”的时候，就要用谦虚的姿态向客户表达。当让客户等待、出现了小的差错，都可以微笑着说“不好意思……”

（5）明白了

当你了解客户要求的时候，要自信、果断并且目光注视着客户说“好的，明白了”，向客户显示出“很明白，请交给我吧”的自信和热情。如果扭扭捏捏地说“我明白了”就好像有什么不安的心情，让人难以信任。

（6）对不起

这句话大家经常说，每个人都会因工作失误做了对对方失礼的事而引起担心。所以要非常干脆发自内心地说出“对不起”，就能从内心表达歉意，也会得到对方的原谅。如果扭扭捏捏地说这句话，会让人感觉你的不情愿，好像这种歉意是装出来的一样。

（7）谢谢

说“谢谢”时，说得越干脆越能表达谢的力度，第一个“谢”字要提高音调，第二个“谢”字音调可以适当降低，整体节奏简单一点，同时面带微笑。这样的“谢谢”说出来才会有感染力。不可以勉勉强强，半天挤不出一个谢字，反而会让客户反感。也可以说“谢谢您”或“谢谢＋称呼”。

（8）欢迎下次再来

这是恭送客户的话。说这种话的时候，不仅仅出于一种礼貌，更要体现出一种自信。自信的是我们提供给客户的应该是让客户满意的商品和服务。这种双满意，足以能使客户下次再有需求的时候，想起你来还会再来光顾。这种说法，无疑比“再见”“您慢走”更具感情色彩、显得更加自信。

服务工作中，不仅仅是企业单位，还有事业单位、行政机关。

作为事业单位、行政机关，八句文明用语中“欢迎光临”“欢迎下次再来”就不太合适。特别是司法机关，说这样的话必然会让对方反感。这时候，把“欢迎光临”换成“您好”，把“欢迎下次再来”换成“再见”，则更符合礼仪规范具体运用的对象化要求。

需要说明的是，如果是医疗机构或殡仪行业，“欢迎光临”“再见”都不能说。医疗机构可以说“祝您早日康复”“回去好好休息”等就可以了。而殡仪行业可以说“您慢走”“节哀顺变”也就行了。在这样的特殊情况下，过多的热情无论如何都是多余而让人极度反感的。

恰当的称呼

彬彬有礼才能魅力四射。在用文明用语的同时，必须配合恰当的称呼。作为服务人员，称呼要亲切、彬彬有礼，而且要准确恰当、合乎规范，这样才能体现出对客户的尊重和热情，并且这也是和客户良好沟通的开始，是让客户在你一开口就喜欢你的金钥匙。试想，你只说“欢迎光临”，有人会问，你在跟谁说呢？缺少主语，也就是个病句。

（1）国内的称呼

可用对方的职业相称，或以对方的身份相称。职务、职称前面加上姓氏作为称呼很常见，如“王经理”“刘局长”“李市长”“钱教授”等；如果是本单位、本部门的领导，也可以只称呼其职务，如“经理”“主任”等。职务前加上姓名，适用极正式场合，如“李克强总理”；有职称的，特别是高、中级者，可直接以职称相称；有博士学位的，称呼时应以姓氏或者姓名加上博士学位名称。对方身份不明，可以性别相称，如“先生”“女士”。如果对方是从事文化教育、艺术工作的知识分子，称呼“× 老师”比较妥当。对年长者称呼要恭敬，不要直呼其名。称呼时态度要诚恳，表情要自然，体现出你的真诚，并可以借助声调、热情的笑容和谦恭的体态表达尊敬之情。“小姐”这个称呼前面应该加上她的姓氏，而不应单用。

有些称呼具有一定的地域性，在其他地域的人听来可能会引起误会，如“师傅”“小鬼”“靓妹”等，具有地域性特征的称呼不宜不分对象地滥用。

工作场合，称呼不宜随意简化。例如，把吴工程师称为“吴工（蜈蚣）”，项工程师称为“项工（相公）”，对方姓龚，称为“老龚”，就令人啼笑皆非了。

而像直接面对普通社会群众的服务场所，如银行柜台、社保所、公安局，就可以用“大叔”“阿姨”之类的亲属性称呼。

在了解到客户姓名之后，记住并立即以他们的姓名或姓氏称呼，这是和客户建立良好关系的要诀，是拉近和客户关系的有效方法。因为在对方看来，他在你眼里很重要，谁不欣赏这样的服务单位呢?

（2）国外的称呼

美国人崇尚自由。和美国人打交道的时候，开始大家很陌生应适当用正式的尊称，等大家熟悉以后，他们喜欢别人直接叫自己的名字，哪怕是年龄比你大、身份比你高。这样会让他们感到亲切和自然，但称呼的变化并不表示你服务工作或服务质量也可以变得“随意”！

对美国人可以称呼其姓名，但对德国人则千万不要直呼其名，除非他本人允许，称呼最好前面加头衔。

俄罗斯人见面时要称呼对方的名字和父名，光称姓是不礼貌的。

英国人比较严谨，过于随便的称呼也是不适宜的。不仅如此，英国人也不喜欢把他们通称为英国人，而应该称为“大不列颠”人，因为英国主要由英格兰人、威尔士人、苏格兰人和爱尔兰人组成。

泰国人不是按姓来称呼对方的，他们习惯按名来称呼对方。

行业文明用语

文明用语既有相当的公共性，但也有明显的个性——行业特点。在一些具体行业或事件中，文明用语的使用必须区别对待。

窗口服务用语（如表 3-1 所示）

表 3-1　窗口服务用语

序号	文明用语	序号	文明用语
1	先生 / 女士，您好！请问有什么需要帮助的吗？	14	这是您的 ×××，请查收。
2	请问您要办理哪项业务？	15	这是您需要的 ××，请确认。

续表

序号	文明用语	序号	文明用语
3	请您递上 ×× 资料。	16	请您在这里签字，谢谢！
4	请出示 ××× 证件。	17	“收您 ×× 元。”“找您 ×× 元，请点清。”
5	请稍候。	18	工作中出现差错时说：“对不起，请原谅。”
6	请补上 ×× 内容。	19	先生 / 小姐，我陪您到 ×× 部，请他们帮您办理。
7	请问该项数据是怎样来的？	20	请收好资料，再见！
8	对不起，您的 ×× 资料不符合 ×× 规定。	21	对不起，您的 ×× 项内容填错了，应该 ×× 填写，请重新填写一份好吗？
9	真对不起，让您久等了！没有注意到您的光临，真是抱歉。	22	对不起，让您久等了！请问您要办什么业务。
10	请问，您办什么业务？我马上给您办。	23	对不起，请您在那边稍坐一下，我们很快就给您办理。
11	对不起，电脑出现故障，我们正在检修，请您稍候。	24	请问您还办理其他业务吗？
12	您这种情况（行为），依照 ×× 规定应给予 ×× 处罚，请理解。	25	麻烦您对我们的服务做出评价，谢谢！
13	请到 ×× 窗口找 ×× 办理手续。	26	请带好您的随身物品，再见！请慢走（欢迎再来）！

店铺柜台用语（如表 3–2 所示）

表 3–2　店铺柜台用语

序号	具体场景	文明用语
1	当客户进来	先生 / 女士，您好,（微笑点头致意，欢迎光临。）
2	当客户再次光临	先生 / 女士，您好，很高兴再次见到您。
3	当客户表示要随便看看	先生，您好，我是 ××，有需要时请随时叫我。
4	当客户四处张望	先生，您好，请问您需要帮助吗? 我能为您服务吗?
5	当客户询问	应主动热情回答客户所提问题。
6	询问客户	先生，请问您……?
7	需要客户等待	对不起，请您稍候，……； 对不起，请稍候，我马上为您服务。
8	客户等待之后	对不起，让您久等了。
9	客户疲倦	请您坐这稍稍休息一下。你喝咖啡还是喝茶?
10	给客户上茶	请您喝……，慢慢挑选。
11	需要客户配合	请您……/ 麻烦您了。
12	给客户造成不便	对不起，由于我们的原因给您造成不便，实在抱歉！我们会尽快解决。
13	需要客户让开	对不起，打扰您了，谢谢。
14	需要打断客户说话	对不起，打扰您一下。

续表

序号	具体场景	文明用语
15	遇到客户投诉	对不起，请您多包涵，我们马上处理，让您满意。
16	客户有意见	对不起，给您添麻烦了，我们会尽快解决。
17	客户有建议	谢谢您的指教，我会尽快向领导汇报。
18	向客户道歉	对不起，实在抱歉，真是太失礼了 / 真是过意不去。
19	当客户表示感谢	您不必客气，这是我们应该做的，有不周之处请多包涵。
20	客户对服务满意	不要客气，照顾不周的地方，请您多包涵。
21	客户交款	先生，您好，请您稍候。（唱收唱付，熟练流畅）这是您的……（同时双手递送），请您收好，谢谢。 请您刷卡。请输入密码。请核对，请签字。谢谢，请收好您的卡。祝您购物愉快。
22	客户交完款	感谢您的光临，欢迎再来。
23	交给客户商品	请您拿好，谢谢您的光临，欢迎您下次再来。
24	客户离去（完成购买）	请您慢走，欢迎您再次光临。 希望下次光临时，我还能为您服务。
25	客户离去（没购买）	对不起，现在还没有适合您的 ×××，我会及时上报公司为您准备其他的款式，欢迎您随时过来看看。

医疗服务文明用语

医护人员的语言具有“治病”和“致病”的作用，是进行心理治疗和心理护理的工具，是沟通医患之间感情的“桥梁”。所以医护人员的语言美，自觉自律地使用医疗服务文明用语，非常有必要。（如表 3–3 所示）

表 3–3　医疗服务文明用语

序号	文明用语	序号	文明用语
1	早上好！昨晚休息得好吗？	13	请您先试一下体温，腋下试 5 分钟，请坐下稍等。
2	今天的天气真好，开窗换一下空气好吗？	14	请稍候，我马上给您分诊。
3	您现在感觉怎么样？	15	建议您到 ×× 科就诊和咨询。
4	现在我为您检查，请您配合。	16	请到注射室做皮试。
5	您请坐，请问您哪里不舒服？	17	请稍候，我马上给您办理接诊手续。
6	请您慢慢说，别着急。	18	您出院后，请按时服药，好好休息，按规定时间到门诊复查。
7	请躺好，我为您检查一下。	19	您好，我是您的主管医生，姓 ×。希望我们互相配合，您有什么事情可随时找我。
8	请您不要紧张，放松，让我为您检查一下，谢谢您的合作。	20	对不起，让您着急了，×××××，我理解您的心情。

续表

序号	文明用语	序号	文明用语
9	请坐，请放松，注射时请别紧张。	21	您如果有事，请按指示灯 / 呼叫器。
10	对不起，请您伸出手来取血。	22	经过一段观察、治疗，现在您的病情基本平稳，可以回家休养。如果有什么不舒服，请及时来院就诊。
11	注射时如有不适感，请您告诉我。	23	抽血后请按压住抽血处 5 分钟，防止皮下瘀血。
12	请您坐好、手放平，防止针头滑出。	24	对不起，病人病情很危重，请家属尽量配合做好工作，我们一定全力抢救。

外出服务用语

见面时说："您（你们）好，我（我们）是 ×× 单位的 ×× 人员，这是证件。我们今天来是做 ××，听您的安排。""您（你们）好，我（我们）是 ×× 单位的 ×× 人员，这是证件。我们今天是来 ××，麻烦您配合我们的工作，谢谢！"

检查、了解情况时说："我们需要了解 ×× 情况，请您（你们）准备（出示）×× 资料。""我们需要了解 ×× 情况，请您（你们）说明一下 ×× 情况。谢谢！"

拒绝对方不合理要求时说："对不起，按照 ×× 规定，这个我们不能办理，请您（你们）谅解。”“对不起，您的要求不在我们的工作范围之内，请原谅。您可以向 ×× 部门反应这个事情。”

提供票据时说：“您好，这是您的 ××× 票据，请收好！”

办理结束离开时说：“谢谢您的配合，再见！”“谢谢合作，再见！”

祝贺用语表达

祝贺用语是文明用语的特殊形式。无论是企业单位的服务人员，还是行政机关、事业单位的服务人员，总需要适时地向服务对象说一些祝贺用语。这不仅是礼貌，也是人之常情。

适合服务人员使用的主要有两种祝贺用语：

（1）应酬式的祝贺语。这种祝贺语主要是祝愿对方能够称心如意，所以有时候需要对对方情况有所了解。如“一帆风顺”“祝您成功”“生意兴隆”“全家平安”“旅途愉快”等。当知道对方要去坐飞机，不必说“一路顺风”，而应用“旅途愉快”“一路平安”。

（2）节庆式的祝贺语。这种祝贺语主要用在节日、庆典以及对方喜庆之日，也就是说这种祝贺语时效性很强，“过期无效”。如“生日快乐”“春节愉快”“仪式成功”“新年好”“旗开得胜、马到成功”等。

电话文明用语

电话（座机、手机）是一种特殊的口头语言。接、打通话的时候，同样也要做到语言文明。具体指的是态度文明和语言文明。

（1）态度文明

电话文明用语中，想要语言“达标”，首先态度就要“达标”。态度文明包括：

要严戒厉声呵斥、态度粗暴的无理表现。但也不应低三下四，阿谀奉承。

打电话的时候如果需要总机接转，不要忘记对总机的话务员问上一声好，并且还要加上一声“谢谢你”。另外，“请”“麻烦”“劳驾”“借光”之类的词，也要经常灵活运用。

碰上要找的人不在，或需要接听电话的人代找，或代为转告、留言时，态度同样要文明而有礼貌。

如果拨错电话，一定要向对方表示歉意。不能一言不发，挂断了事，不要忘了对方有来电显示，当对方气得回拨过来批评，就被动了。

（2）语言文明

在对方拿起电话的时候，首先要向接电话的人热情而恭敬地问好：“您好！”，切忌以“喂”开口，或是开口就说自己的事情，让对方莫名其妙。

在问候对方后，接下来要自报家门，以便让接电话的人明白是谁打来的电话。在电话里的自我介绍，通常应该报上本人的全名、单位名称和职务。

终止通话前，在预备放下话筒的时候，应先说一声“再见”。要是少了这句礼貌用语，会使终止通话显得有点突然。

了解服务忌语

服务忌语是文明用语的另一面，所以说到文明用语必须要讲到服务忌语。忌语，顾名思义就是不该说的话、出口伤人的话，这些话容易使人自尊心受到伤害，尊严受到污辱。在这样的情况下，是根本不能做好服务工作的。这就需要管住嘴，谨言慎行。

忌语类型

常见的服务忌语有以下四个类型。

（1）不尊重

不尊重多是触犯了客户的个人忌讳，尤其是和对方的身体条件、健康条件方面相关的某些忌讳。比如，对老年客户，绝对不说“老没用”“穿一次少一次了”“用不了几年”等，否则即便提的不一定是对方，对方也会十分敏感、反感。

当对方是 90 多岁高龄，还祝人家“长命百岁”。那才能剩几年？这样看似好听的话，此时就显得不尊重人家了。

面对残疾的客户，切忌使用“残废”这个词。一些不尊重残疾人的词语，诸如“傻子”“侏儒”“瞎子”“聋子”“瘸子”等；接待体形不太理想的人士时，比如对胖者说“肥”、对个低者说“矮”都是大忌。

（2）不友好

对待客户要一视同仁，不可以看人下菜单，见到穿戴的一般就不愿搭理。比如说“你买得起吗？”“别乱碰”，甚至小声嘀咕：“没钱还来干什么”等。有时候，当客户对服务感到不满，或是提出一些建议、批评的时候，个别服务人员居然还会顶撞客户，如“谁怕谁呀，我还不想侍候你了”“我就是这个态度”“本人奉陪到底”“吃不起别吃”等。（如图 3–2 所示）

（3）不耐烦

客户服务时，应表现出应有的热情和足够的耐心，努力做到：百问不烦，百答不厌。

比如，接待对象询问某种商品的功能时，绝不允许向对方说“我不知道”“从没听说过”。当客户询问具体服务价格时，不能说：“那上面不是写着了吗？”“自己看！”

当客户要求提供服务或帮助时，不能说：“着什么急呀”“找别人去”“不归我管”，或者自言自语“累死了”“烦死人了”。当下班时间临近，不能表现出不耐烦，更不能下逐客令“下班了”“抓紧时间”“赶快点”。

（4）不客气

在劝阻客户不要动手乱摸乱碰商品时，不能直说“瞎动什么呀”“弄坏了谁管赔”“不买就别摸”。需要客户提供零钱时，或没有零钱可找的时候，不能直接向对方说“拿零钱来”，或告诉客户“没

图 3-2　禁忌不友好的服务用语

有零钱找”，都不适当。当客户提出更进一步问题时，你绝对不能说“管那么多干什么”“不买东西别问”“你问我，我问谁”。

以下是具体服务工作中一些常见的服务忌语，以供借鉴，“有则改之，无则加勉”。

常见忌语

（1）常见忌语五十句（如表 3–4 所示）

表 3–4　常见忌语五十句

序号	忌语	序号	忌语
1	喂!	26	要，你就快点。
2	你找谁?	27	现在才说，刚才干什么去了?
3	你，干啥?	28	怎么不早准备好。
4	不知道!	29	我不管!
5	等会儿!	30	告诉你了还问!
6	一边站着去!	31	问别人去!
7	着什么急!	32	墙上贴着呢，自己看!
8	怎么现在才来，早干什么去了!	33	就这，没啥好解释的!
9	你没长眼!	34	你问我，我问谁!
10	交钱，快点!	35	你的事，怨谁!
11	你懂不懂啊!	36	我现在没空，等会再说。
12	嫌贵就别买啊!	37	今儿不办公。
13	说多少就多少，别废话!	38	有完没完!
14	填的什么表，拿回重填。	39	你这人真麻烦!
15	手续不全，不办。	40	看不惯的事多着呢，学着点!
16	没零钱，自己换去。	41	有意见找（头）领导去!
17	该下班了，快点。	42	把东西拿来，我要看看。

续表

序号	忌语	序号	忌语
18	慢死了。	43	你没长耳朵?
19	我就这态度，怎么着?	44	别装糊涂!
20	有本事你告去，告哪儿我都不怕!	45	这是上面的规定，不能办，要不您去找领导
21	瞧着点儿，没长眼睛呀!	46	看啥看，错不了。
22	越忙越添乱，真烦人	47	少啰唆!
23	事倒不少，毛病!	48	我老实告诉你!
24	挤什么！急什么!	49	再说多罚点!
25	到后边排队去。	50	你知道吗 / 你懂吗?

（2）医疗行业服务忌语

医疗行业是一种特殊的服务行业，也是特别需要注意服务忌语的行业。（如表 3–5 所示）

表 3–5　医疗行业服务忌语

类别	序号	忌语	序号	忌语
不尊重、命令式用语	1	躺（坐）那儿，别磨磨蹭蹭的!	5	没到 ×× 时间，都出去!
	2	喂，×× 床，去 ×× 做检查（不称呼姓名）。	6	出去，出去到外面等着。
	3	把裤子脱了（把衣服撩起来）。	7	不要吵，这是医院! 越忙越来凑热闹。
	4	长那么胖，血管都找不到。	8	您急什么，医生不在忙着吗?

续表

类别	序号	忌语	序号	忌语
侮辱人格，讽刺挖苦	1	痛，谁叫你要孩子。	5	没钱就别来看病。
	2	有什么不好意思，都这个样子，还装。	6	干吗起这名字，就为让人不认识！
	3	这么大个人了，什么都不懂。	7	你这样的见多了，有什么了不起。
	4	活该，自己找的。	8	挂一次号要看一辈子病吗？
不耐烦、生硬	1	别啰唆，快点讲！	7	治病，哪有不疼的。
	2	×× 医生去哪？我怎么知道。	8	嫌慢，你怎么不早来。
	3	你这人怎么这么多事，讨厌。	9	现在交班（开会、结账）外面等着去。
	4	没什么，死不了！	10	上面都写着了，自己回去看吧
	5	怕痛，别到医院来！	11	查户口吗？你管我姓什么？
	6	瞧这破血管，扎都扎不进去！	12	到底哪疼！
不负责任，推脱	1	这事别来找我，我不管！	7	嫌这儿不好，到别处去。
	2	谁和你说的（谁答应你的），找谁去！	8	医生开错了，找医生去。
	3	快下班了，明天再说吧！	9	嫌我态度不好，我又没请你！
	4	我下班了，找别人去！ 下班了，下午再来吧！	10	你怎么这也不查，那也不查，还看什么病！
	5	机器坏了，谁也没辙！	11	没零钱，自己去换了再来。
	6	这儿治不了，去别的医院！	12	你的病也就这样了，回家想吃点什么就吃点什么吧。

续表

类别	序号	忌语	序号	忌语
含糊不清，增加疑虑	1	你这病是好，是坏，说不清。	5	看看吧！快不了。
	2	你这病我看是思想病。	6	也许不要紧（没关系）。
	3	这种手术/病可不太好办呀！	7	再见！
	4	先拿点药试试看吧！不舒服时再说。	8	估计也就这么回事了。

书面文明用语

服务工作中，会经常接触或使用到书面用语，像一些信函、通知、告示以及说明、介绍等。做这些工作的时候，要求用语具有极强的服务性质和浓厚的服务色彩。不仅要考虑行文的严肃、认真和缜密，用语还要注意文明，以保持规范的作风和良好的素养。具体书面格式没必要一一做介绍，我们就从书面文明用语如何规范的角度，给出五点建议。

正确格式

书面用语种类繁多，不过一般格式都是固定的，那首先就要熟悉各种文函的格式，在需要时合理地套用固定格式，这样就会提高工作效率，也会让你的书面用语规范得体。同时也要选用合乎规范的书写工具，一些太厚、太薄、太大、太小、吸水性不好、太粗糙的纸张和太细、太粗、彩色的笔等都是不正规的书写工具。现在常用的是 A4 纸和黑色钢笔、普通的签字笔。

另外，如果是横幅，横幅颜色一般是红底白字。喜庆类用的横幅一般是红底黄字。字体用宋体或黑体的居多。

正确理解

一是正确理解要表述的行文内容，防止书写跑题。

二是要合理地理解自己所用的语句和词汇，避免用一些有歧义或难以理解的语句。书写的过程也要避免写一些不相干的事情，但也要注意提及应当注意的细节问题。同时应注意语言的简洁和句子的简明扼要，还应照顾到整个内容的完整。

三要注意书面和口语的不同。比如口语可以说："非常欢迎"，但书面语就不能这么说了，而应该说成"热烈欢迎"。但并不意味着可以过于书面、过于晦涩。比如像"春寒料峭，善自珍重""久未通函，甚歉""欣闻……，谨寄数语，聊表祝贺"等之类，就不适合于普通场合使用的因公书面用语中。

四要注意称呼上的习惯。不同的国家，往往在称呼上有不同的要求，包括姓名、用语等，都要有所了解。称呼部分的内容，我们在第三课第三部分文明用语要求部分有过介绍。

正确书写

"差之分毫，谬以千里"，正确是最重要的。要用标准的简化字，不写不规范简化字特别是错别字。用外文写时用正确拼写方式，注意分清大小写，并遵循语法规则。写数字时也要注意大小写，更不要简化连写或乱点小数点。一些方言、俚语也要极力避免，另外考虑句子的长短是否适宜。标点和日期的使用更要合乎规范，这样会避免很多不必要的麻烦。当然，当接待港、澳、台同胞或海外华侨的时候，为照顾到他们的习惯，可以适当使用繁体字。

不仅如此，还要注意书写的工整和书面的整洁美观。如果用纸张书写，就要注意书写的字大小合适，不要“篡位”。出现错别字、掉字或错句，最好用涂改液修正，必要的时候重写一遍，不能将错就错、得过且过。也不要随意在已经完成的篇幅上打叉、勾画、圈点、涂改或者添加，把自己的文章改得“补丁”四处可见。

还要注意不要使用方言。书面用语是给识字的人看的，所以在文明用语上，就不应该使用方言俚语，否则让人的感觉往往是不伦不类、档次不高。

简明扼要

书面篇幅有限，注意简明扼要，所以在用语上没有必要洋洋洒洒，让人感到本末倒置。要知道，你的书面用语只要表达明确的信息就行，其他无关的事没必要体现，感情的叙述并不是因公的书面材料上要做的。所以书面材料不必过度修辞、滥用虚词、感情泛滥。

场景恰当

书面文明用语的使用要注意场景恰当。比如需要使用横幅的时候，就要考虑为什么而用。如果为祝贺而用，就要考虑是为祝贺什么事，或是为祝贺什么人，他是什么职务，怎么称呼等。不要好心好意使用横幅，因为用语的不当而让人造成误会就不好了。

总之，鉴于书面的特殊性，在使用书面用语的时候，必须多多注意，从而真正起到得体、规范、锦上添花的作用。

小提示大道理

俗话说：良言一句三冬暖，恶语伤人六月寒。提供满意服务是我们的职责，说什么、怎么说很重要。服务中，既要准确表达我们想说的，又要杜绝容易让客户误解的生、冷、硬的话，不带个人情绪，同时包容、体谅客户的情绪。

第四课

接待与会议服务礼仪

THE
FOURTH LESSON

他山之石

小孙和小周是同班同学，毕业后进了同一家单位。两年后，她俩的际遇开始不同。

小孙是前台，合同马上到期，公司却不再和她续约；小周在会议部，刚刚被提升为会议部主管。

小孙的个人形象不错，但对工作的态度，连另一位前台都看不下去。常把早餐放在工作台上，工作时间开始后才开始吃。接待时，不说一句话就把客人带到会谈室，忘记倒水是常事，更别奢望什么微笑。有时候低头玩手机，客人站在前台桌前问了几次话她才抬起头。

而小周，每次的会议服务，不管是引领还是茶水服务，都做得兢兢业业。即便桌签上的名字在框中上下左右的位置，都要认真校正。熟悉业务后，经常根据参会人数、场地大小，主动提出会议桌摆放形式的建议……

“服务无小事。她俩之间的差距，就差这么一点点……”当初负责招聘她俩的周经理如是说。

有道是出门看天气，进门看脸色。客户上门，就是带来财源，给我们提供工作机会。作为服务的提供方，不管是企业、政府或事业单位窗口岗位，都应提供专业、高效的服务，展示我们应有的卓越和优秀。

服务接待前的准备

服务岗位的接待更注重日常性和服务性，不打无准备之仗，所以每天工作前都要做好相应的准备工作。

岗前准备

自我形象检查。从头到脚地检查：头发是否整齐干净，妆容是否得体，着装是否整洁，有没有戴好身份牌，鞋子是否干净得体。

岗位环境卫生。不管是工作区间还是桌、台的卫生，在工作时间开始之前就应处理好。

提前准备好工作中使用的各种用具，杜绝工作中用到时再临时浪费时间四处寻找。工作物品分类摆放，整齐规范，方便查找。除水杯之外的其他私人物品不放在桌面上。

收银岗位，零钱是否备好，个人钱款、物品是否已放在规定位置而不是带到岗位中。电脑、刷卡器、支付宝、微信等支付功能是否都正常。

清楚本岗位的职责范围，本岗位需要和哪些部门或人员对接，以及和自己相关岗位的职责范围。今天有无特殊工作安排，如有则提前准备或记录下来按时处理。

情绪管控。上班就要像上班的样子。工作中保持从容、理性、乐观的心态，不把不良情绪带到工作中。

岗中恭候

服务岗位的接待恭候分为两种形式。

（1）站姿恭候

身前无遮挡时的站姿恭候：面朝客户方向，保持微笑，双手叠放于腹前，表示“我愿意为您服务”。女士可以双脚一前一后站成丁字步，脚尖向外展开的度数可以小一点，形成优美的小丁字步。而男士可站成“V”字步或两脚稍分开站立。

身前有工作桌、台挡身，用柜台接待站姿恭候。双手指尖朝前，轻轻扶在身前工作台边上。两腿尽量伸直。肩、臂自然放松，立腰挺直脊背。

（2）坐姿恭候

岗中坐姿工作的，就用优雅的坐姿恭候。上半身直立，面朝客户方向。女士两膝并起来，双腿可以一起放中间或一侧。想跷腿时，两腿也应合并；而男士两腿可以分开一至两拳宽，但不超过肩宽，更不能两腿叉开过大，半躺在椅子里。

岗中恭候时，不可以玩手机或东张西望。

工作时间开始后，客户来到本岗位前，将恭候转为接待。

服务接待礼仪

人人都希望得到热情高效的接待，而非冷遇。作为客户，这种情感需求更明显，不仅是为办成事，更需要获得被尊重的优越感。“情暖三冬雪，善待天下客”，做好服务接待，我们需要注意四个方面的问题。

岗位接待

站立服务的，客户进入接待区即面含微笑，行 15° 鞠躬礼。

坐姿服务的，客户进入接待区后，迎接客户讲究“三 S”，即起立（Stand up）、看（See）、微笑（Smile）。不便起立时行点头致意礼，银行柜员则行举手示意礼。

鞠躬时微笑注视对方同时问候，问候语因具体的服务岗位不同应有区别，一般可以用：“先生 / 女士您好 / 上午好 / 下午好 / 晚上好。请问有什么可以帮您的吗 / 请问您办理什么业务？”“很高兴为您服务。”

这时微笑注视客户。而如果一边做其他事，一边这样说，则显得很敷衍，反而会让客户反感。

需要引领的，引领前向客户说清楚目的地。条件允许时尽量走在客户左前方。引领过程中做好语言关照，不要一言不发，尤其是特殊环境的地方，比如转弯、上下楼梯，语言关照“您这边请”“请注意脚下”等。出于安全和礼遇，上楼梯时请客户在先，下楼梯时自己在先，把有扶手的一侧让给对方。

对老、弱、病、残、孕等行动不便客户，在征得其同意的前提下，可以提供搀扶服务。搀扶中，注意和客户的行进速度保持一致。

乘电梯，有专门的电梯员时，请客户先进先出；没有专门的电梯员，则自己先进控制电梯，再请客户进。到达目的楼层请其先出。到达目的地时提醒“这里就是×××（目的地名称）”。是办公区的，则先敲门，得到允许再进。外开门，请对方先进；内开门，自己先进，并为客户挡门，再请其进门。最好是反手开关门，确保始终面向客户。

邀请客户落座时，微笑面向客户，以规范手势指向座位并提示：“您请坐。”

提供拉椅让座服务时，服务人员站在椅背的正后面，双手握住椅背两侧，右腿迈前半步，大拇指在椅背里侧，四指在椅背外侧，轻轻把椅子拉出约30公分或客人的一个身位，等客人将要落座，用右腿膝盖及双手将椅子推近，以不碰到客人为主（拉椅的顺序：先拉主人位或老人位或女士及抱小孩的客人）。

条件允许时，应给客户奉茶。如是普通的日常性接待，用一次性纸杯，白开水即可，或者瓶装水。用瓶装水时注意请客户自己拧瓶盖，不可代劳，当客户拧不开时再征求意见、提供帮助。现场情况允许时，从客户右侧上茶并提示“请用茶”。递水杯时，手拿杯下端的 1/3 处，不碰杯口。

接待中途自己需要离开时，是去请相关人员还是需要对方等多久再回来，都应详细告知，并请其稍候。而已经让对方久等的，主动安抚并做好协调，避免客户一直干等、浪费时间。（如图 4–1 所示）

餐厅酒店或单位迎接贵宾时，可以设置大门迎接员（门童），以规范站姿站在正门两侧，拉门迎送客人。进入接待区即说“欢迎光临”或“姓氏 + 最高职务 + 欢迎光临”同时鞠躬致意，并拉开门。

高端接待、贵宾接待，为显示对客户的高规格高礼遇，可以设置电梯迎接员，负责客人进、出电梯接应。贵宾进入接待区即说“姓氏 + 最高职务 + 早上好 / 上午好 / 下午好”并鞠躬致意，不知道姓氏时说“先生 / 女士，早上好 / 上午好 / 下午好”。打开电梯，一手挡门，另一手做邀请进入的手势。出电梯时，一手挡住电梯，另一手做邀请出电梯的手势并说“姓氏 + 最高职务 + 早上好 / 上午好 / 下午好”。

酒店客房服务接待相对特殊。清扫整理客房时，客人物品不能移位。不管客人多么随和、善意或客人物品多么没价值，也不可以索取或接受馈赠。带走清洗的酒店毛巾、其他物品时注意清点，避免把客人的物品一并裹走。不使用客人房内任何物品，比如看电视、听音乐、打电话。客人的孩子再可爱，也不可以抱或碰。

图 4-1　接待中做好关照

和客人在较窄过道相遇，应点头微笑致意并礼让客人先行，不可以“狭路相逢勇者胜”。

机场车站迎宾

到机场、车站迎宾，要注意什么呢?

首先提前确认客户人数（涉及接送车辆的数量问题）、到达时间，提前告知对方接待人的名字、手机号码，以及具体在什么位置恭候，车的品牌、颜色及车牌号等。提前到达约定地点等候是起码的礼貌。这些信息可以提前编辑好，再根据该次的具体情况来修改微信或短信。

可以使用接站 / 机牌，最简单的接站 / 机牌上可以是专门制作手写或贴的打印纸“欢迎 ×××”，在约定地点举牌恭候。

见面后，微笑握手，寒暄问候，主动协助提拿大件行李。

司机或其他服务人员应为客户开关车门。上车时，打开后排座右侧车门，并以手做邀请状示意来宾上车，等其坐稳后关好车门，自己再坐回驾驶室或副驾驶座。下车时，自己先下，为客户打开车门，请其下车，并协助提拿大件物品。接到客户后告知相关同事做好配合接待工作。

首问责任

这是“客户至上”理念的体现。客户服务，工作人员应分工不分家，做到有求必应、有问必答，百问不烦、百答不厌，态度和蔼、不推诿，不能说“不知道”“不清楚”“不归我管”等生硬话语。

当客户询问时，属于本职范围的应立即答复，对其要求给以妥善解决；不能回答和解决时，耐心、清晰地解释清楚，并帮助联系可以解决的部门。必须做到环环相扣、手手相接，不脱节、不推诿。

善始善终

做好礼送客户的细节服务，避免虎头蛇尾。客户告辞时，等他们起身后，自己再起身相送。

远客离开时可以说“请慢走”“再见”“欢迎下次再来”等道别语。“一路走好”这样啼笑皆非的话，不应在道别时讲。

把客户送到门口，应目送一会儿再回。返回时，关门动作要轻。同时不要议论客户，以免对方临时返回时听到而让大家都尴尬。

送客到车站，条件允许时应等车辆开动并消失在视线以外再走；送到机场或火车站，最好等客户通过安检后再离开。送客的时候，杜绝心神不宁或频频看表等行为。必须提前返回时，一定要向对方诚恳说明理由并致歉。

窗口接待礼仪

来自郑州晚报2015年8月18日的消息。

8月3日下午3点，韩先生和公司新老股东一共六人，早早来到工商局办事大厅办理公司法人及股东变更手续。

由于不熟悉办事程序，公司文员填了好几遍材料，4点一刻左右终于填好，并在3号窗口排队。排了近10分钟终于轮到，没想到3号窗口办事员拿出“请稍候”的牌子，边抠手机，边向外跑去。

苦等近半个小时，已经4点53分，该窗口办事员才回来，手里还拿着手机。

公司文员赶紧把材料递过去，谁知道该办事员直接一把就给扔了出来，说：“没看见几点了吗，今天办不成了，明天再来吧！”

韩先生赶紧解释：“您帮帮忙，我们赶来办事的六位股东，有三人从信阳赶来、一位从南阳赶来，还有两位要赶去北京参加会议，机票都订好了。如果今天办不了，又要拖上好几天，会耽误一个很重要的合同，求您帮帮忙。”

但该办事员不为所动：“你们的材料填写不规范，重新写。你们写完我就下班了，明天再来吧！”韩先生和公司文员继续苦苦哀求，办事员却语出惊人：“你们不容易关我什么事？我反正是准点下班，多一秒都不会等。”4点59分，公司文员填好材料，而此时该办事员却关闭电脑，抓起手机离开了办事大厅。

此事被多家媒体转载，甚至该办事员的姓名都上了当时的网络热搜。

准时开窗。

客户来到本岗位，微笑点头致意并问候：“您好！”双手接过客户要办事项的材料，提醒“请稍候”。核对要办事项，然后进行相应操作。

临时有事不能立即接待的，向对方致歉并说明原因，同时告知还需多久能为其服务，处理好事情后就应立即返回继续服务，不可以空岗、脱岗、串岗。

遇到客户咨询，用亲和的语气，简练、明确、礼貌地解答，同时避免容易产生歧义或不好含义的话。再忙也不应置之不理，更不能态度恶劣。

对于不符合条件、要求，不能办理的事项，需要怎样才能办理，应逐条、清晰地告知。如没有现成格式、样本，最好给客户一条一条地写出来，以方便其照此准备。特别是对于老年人尤其要注意。毕竟，他们对要办事项的要求不一定清楚，准确告知后可以避免客户无效的奔波。窗口岗位有时多说一句话，客户就能少跑很多冤枉路。否则就会认为："办个小事儿，都跑断了腿，磨破了嘴""门难进，脸难看，话难听，事难办"。

按规定由自己或是客户核查的事项，必须严格按照规范来处理，不可以越俎代庖。

收银的窗口岗位做到唱收唱付。根据工作程序，准、快、好地完成每一笔业务。

收到现金，先说："请稍候"，然后在客户视线内先点大数，后点细数。点清并验钞之后，说"一共收您 ×× 元，请稍候""找您 ×× 元"。付出现金、单据时，提前进行"三核对"（对单据、对项目、对金额），递出材料、单据到客户手边。不可扔、摔。

客户刷卡输密码时，主动做到扭头回避。微信、支付宝付款，收到提示并确认金额后，将材料、收费单递到客户手边。

需要开发票时，请客户提供单位名称、税号等必要信息。打印票据之前再次核对确认信息。

所办事项涉及个人隐私，而现场办理的人多，有人影响到正在办事客户的隐私安全时，窗口人员必须微笑且礼貌地提醒："实在抱歉！请您在一米线外排队等候？谢谢合作。"

窗口接待中，对于个别客户的不礼貌，必须保持理性、礼貌，绝对不可以"随风起舞"，否则最终吃亏的还是我们自己。

需要客户配合之处，耐心、简练、明确、友善地告知并致谢。

客户出现差错，耐心地指明，并提供相应帮助。自己出现差错，立即纠正并致歉。

当事情一次性办不完或后续还需要做什么，在该项工作完成后，逐项清楚地提示、告知客户。

当客户特别着急时，即使即将下班，也应尽可能帮其把事办完。

客户办完事时工作人员应主动询问："请问您还有其他事办理吗？"确认没有，离开窗口时说："请您带好随身物品。请慢走！"如需客户做评价时，应提早沟通，并表示感谢。

讲解接待礼仪

很多单位都经常需要讲解接待，讲解的可能是景观景点，单位展厅展馆，也可能是工厂车间。既然是对外接待，讲解员不管是专职还是兼职，在讲解接待中都应表现出训练有素的专业形象。

讲解前准备

讲解前，准备工作主要有以下四项。

（1）讲解内容

既然是讲解接待，当然讲解是重点。熟记讲解词内容，同时根据不同的接待对象，将讲解内容做不同安排。注意开场（根据不同接待对象，开场和称呼应有所区别）、转场词、承接词、结束语。初次讲解的，讲解前还应提前“踩点儿”，把讲解词与展板、展项、景观等一一对应，熟悉具体场景和地形。

（2）接待哪些人

讲解接待不同的人，讲解的侧重点、讲解方式、接待方式往往会有所区别。比如学生、儿童、老人、普通参观者、招商引资、兄弟单位学习、上级检查、领导视察等。不管在讲解内容、讲解方式、讲解速度，或是讲解中的接待要求，应有所不同。

接待贵宾时，应提前了解到贵宾的姓氏及最高职务，以便见面时及讲解沟通中的称呼，以示尊重。

（3）注意讲解场景

是旅游区的景点？单位展厅展馆？工厂车间？是若干处场景讲

解还是集中一处讲解？讲解中是否涉及乘坐电梯、楼梯、电瓶车？讲解现场是实物还是有多媒体或展板？有无参观者参与体验环节？这些不同的场景，关系到讲解的不同处理形式，都应提前做足了解。

讲解接待环节中，有无接待室？如有，什么时候会用到接待室？用到接待室时自己的职责是什么？如何与其他部门做好衔接？

（4）形象准备

包括仪表形象准备和讲解用道具两方面的准备。

个人仪表，要求着装规范、发型得体、面容清洁，女士化淡妆。

讲解道具，指讲解中用到的遥控笔、讲解棒、扩音器。其中扩音器提前调试，先戴好并把声音调小再开机试机，避免出现刺耳的声音。

讲解接待中

讲解接待中随时保持讲解员礼仪风范，要特别注意实操性很强的三方面的讲解礼仪细节。

（1）恭候与开场礼仪

提前在岗中以规范站姿面向来宾的方向恭候。

来宾进入展示区即面含微笑，行 15° 鞠躬礼并问候：“各位领导 / 各位来宾 / 先生 / 女士们大家好 / 上午好 / 下午好。我是 ××（单位的标准简称）讲解员 ×××（自己的姓名）。很高兴担任此次讲解服务。”然后对来宾要参观的内容做概括性介绍。

然后和所有来宾做眼神交流后，做出邀请手势并同时说：“大家里边请……”一路上应给予相应关照。如果是在展馆、场景外迎接，将到达讲解地点时做好提醒提示。根据景点或展厅篇章、展项安排按顺序讲解。讲解中可以先总述，再分述，后总结，清晰的讲解思路能方便听众理解，也方便自己记忆。也可以采用提问式介绍，引起听众的兴趣再开始讲解具体内容。

（2）讲解举止礼仪

讲解员注意和来宾步速保持一致。讲解时，根据展品展项的陈列，确定适合的站位。非景区讲解的，站时离展项保持约一臂距离，不倚靠展板。与展板保持 45° 角侧立讲解，这样既可以方便看到讲解物品，又面向来宾。讲解中适当停顿，保持微笑和来宾做眼神交流，然后再继续讲解。

讲解时，面向客人并和来宾保持适当距离（条件匀许的话应保持 1.5~2 米），既方便引领并关照来宾，又方便讲解介绍。注意经常和所有来宾微笑并做眼神交流，而不是只看主宾。

讲解中做好引导、关照。如有楼梯、转弯、上下台阶、路滑、有水、矮通道、上下车，或需要来宾动手体验、递接物品给来宾，都需要有语言关照或动作协助。

讲解接待中，如需请来宾中途休息、上茶水等，可以参考本书的茶水服务礼仪内容。

讲解接待中要特别注意随机应变。万一发生忘词这样的意外情况时，可以先请来宾欣赏图片或景观，也可以把忘记的部分跳过或用其他相关内容来补充，避免因忘词而让自己尴尬。更不能不停地说口头语，如“嗯”“啊”“这个，那个”“就是……就是……”等，或者不停翻白眼、挠头。况且对来宾来说，你是否忘记个别内容来宾不一定知道，能看出的是你讲解时亲切的微笑、流畅的讲解介绍、优雅的举止。

（3）演示互动礼仪

讲解接待中，有时候需要来宾参与互动，或者讲解员做演示。不管其中的哪种情况，事先都要向来宾做好清晰、明确的说明，包括互动的要求、注意事项，自己演示的目的、会有什么情况出现等等。演示时，还需要注意方位和角度，以便有更好的演示效果。

包括某些场景中需要来宾做特殊的配合，比如请来宾戴安全帽、穿鞋套，同样应做好沟通、提醒并致谢。

讲解结束

时间允许可以对讲解做个总结，再说结束语。并以标准站姿行30° 鞠躬礼，时间紧张时结束语就需要简单。比如“今天的讲解，很快结束了。感谢各位参观，祝大家生活愉快！/期待下次再见！”然后目送来宾离开。

当然，结束语也应根据来宾的不同，而有所区别。一般观众、领导、老人、儿童，称呼、祝福语等都应有所区别。

讲解结束后，收拾好讲解用具并放归原处，给扩音器充好电，以备下次使用。如是企业展厅，互动演示之后的展品归位工作也应第一时间完成。

服务接待注意事项

据人民日报2017年12月17日的报道。

政务大厅是当地政府设立的集中办理行政许可等行政审批项目以及一些服务项目的综合性机构，也是提高行政效能，为人民群众提供优质便捷高效服务的重要平台。但记者在某市政务大厅，却拍到了与“便民服务”背道而驰的情形：上班时间政务大厅内空岗现象严重，有的甚至脱岗去健身中心打羽毛球！而“在岗”的工作人员，有的睡觉，有的玩手机……

这些行为，引发了一边倒的批评。还有网友留言表示，自己在办事时就曾遇到工作人员低头玩手机，对他的咨询根本不理睬。

工作中就应做好自己的本分，积极为人民群众/客户服务。服务接待中要注意什么呢？

不应主动邀请非本岗位人员进入自己的工作位置。

践行“首问负责制”，不推诿。

不允许以快下班为由拒绝为办事人办理业务。

保持室内安静，专心工作。岗中不闲谈，不喧哗。工作时间内即使暂时没客户来办事，也不得玩手机、玩游戏、聊天、串岗、无故脱岗甚至不停吃零食。

注意仪态。坐着服务的，不可以抖腿、斜坐、躺坐，上身不应向前趴伏，更不能坐在桌子上。站着服务时，不可以倚靠。

注意手势。有些服务岗位的特殊性，不一定都方便双手递接或递到客户手上，最起码不应该让人感觉有扔、摔的现象，否则给人感觉就是态度不端、不礼貌，举止业余。

注意礼貌。包括微笑、称呼、问候“您好”。服务岗位上绝对不可以板着脸或明显带着情绪说话。不因办事人的身份、着装、口音，而有区别性的态度，也不因客户长时间排队不耐烦而抱怨工作人员，就对他们不满甚至产生服务上的差异。

客户咨询时，用亲和的语气，简练、明确、礼貌地解答。再忙也不应置之不理，更不能态度不友善。语言提示时，同样目中有人，礼貌、明确，不说半截话、客户听不明白的话或容易有误解的话。

当一项业务完成后，做好下一道手续或同事间的工作承接，提醒客户下一步要做什么，比如“接下来请您到 5 号窗口办理开户手续”，并加上规范手势指示。

会前准备与会后工作

会议服务的成功与否，会前准备起到决定性的作用。会服前准备工作要注意下面几项。

会议现场

会议现场的工作内容，我们从以下五个方面分别介绍。

（1）会场的布置

对于举行会议的场地要有所选择，会场桌椅根据需要做好安排。会场的横幅（红底白字，喜庆类用红底黄字。字体用宋体或黑体），音响、投影及辅助设备（包括投影转接线），灯光、会场的温度、湿度，通风，隔音，安全出口标志等，提前做好准备、安装或调试。特别是冬天、夏天这样的季节，更要注意提前调好室内温度、湿度。

（2）会议用品准备

会议用品，包括纸张、笔、桌签（即名牌）、饮用水、白板、白板笔、电源延长线插板、遥控笔、备用电池、备用电脑等。

大型会议，主席台上每位嘉宾都应有名签，听众席分不同部门或单位的，在每列所属单位或部门的最前方也可以放上单位或部门名称的名签。

另外，根据会议的性质、规模以及自身要求等的不同，会议用品可能有所区别。

如政府、事业单位或国企的会议，为贯彻中央节俭办会的精神，不应有果盘、鲜花、消毒毛巾等。（如表 4–1 所示）

（3）现场物品的摆放

会议现场物品的摆放，要求整齐、规范、有序。

表 4–1　会议用品准备

会议用品名称	已准备	未准备
饮用水		
白板		
白板笔		
盖杯		
茶叶		
杯垫		
纸杯		
话筒		
电源插板		
备用电脑		
备用电池		
遥控笔		
投影转接线		
音频转接线		
垫板		
纸		
铅笔		
名签		

如果是非常重要的会议，人数又较多时，为显示会服的规范、专业，会议座位排列、会议物品（包括水杯、名签、桌椅等）的摆放，都应做到高规格的整齐。我们可以用卷尺或长绳从横向、纵向两个方向来规范所摆列物品统一的整齐度。

具体物品的摆放规则建议如下。（如表 4–2 所示）

表 4–2　会议用品摆放规则

名称	标准	备注
会议桌	整洁、摆放整齐。	
椅子	椅子与桌边 30 厘米，椅子之间距离 30 厘米。	干净、整洁、无破损
垫板	椅子对应的桌面中间位置，下沿与桌沿对齐。	整洁、无破损
纸	垫板中间，底部对齐。	干净、统一
铅笔	垫板右侧笔槽，笔尖朝上，标识朝上。	
矿泉水	垫板右上角位置，与垫板上沿对齐，标识朝内。	
杯垫	矿泉水右侧对齐。	无破损
盖杯	杯垫中间，杯柄朝右下方 45°　角。	干净、无污渍、无破损
纸杯	盖杯右侧、标识朝内，与盖杯对齐。	
名签	垫板上方 20 ㎝中间位置。	
话筒	统一一条直线，距离桌面 20 ㎝。	
绿植	无枯枝败叶、无灰尘、无异味、无虫等、摆放合理。	
白板	板面干净、无字迹、并配有板擦和两支或两支以上的白板笔，摆放整齐。	
窗帘	根据会场需要，调整适当位置。	
灯光	会议开始前 15 分钟，将灯光全部打开。待会议开始后，酌情选择开启或关闭。	
空调	开启状态，温度、湿度适中。	
门	会议开始前 15 分钟全部为开启状态，会议开始后全部关闭。	
果盘	根据数量均匀摆放整齐，配纸巾。	
操作台	备：纸，铅笔，签字笔，插线板，白板笔，备用电池，小药箱（感冒药、速效救心丸、止泻药、创可贴、纱布，酒精棉等）。	

（4）与会者手机管理

有的会议要求在开会期间统一保管手机。这时就要在会场专门位置由会议人员集中、统一管理手机。

手机主要放在会议手机收纳挂袋或托盘中。在会议手机收纳挂袋或托盘边上，提前贴好会议的不同座位区域的标签，比如第一排、第一列、第一组等，以方便与会者对应放或找自己的手机。

当然，还可以把每部手机放在一个透明塑料袋中，同时贴上该与会者所在的具体会议座位区域及姓名的标签，这种方式更稳妥。用这种方式时，应提前根据会议名册做好相应准备工作。

在会议开始前放手机时，应有专人在现场指导与会者将手机置于振动或静音状态，根据所在位置放好手机，这样确保散会时，能更快地找到。

在整个会议期间，应有专人负责保管手机，杜绝遗失或错拿。

（5）做好迎接工作

凡是大中型、跨地区、跨部门会议，都应有迎接工作。当对方是德高望重者，在符合单位规定的前提下还可以安排相应车辆、专人负责接送。

会场座位安排

举行正式会议，应事先安排好重要身份者的具体座次。由于会议规模不一样，在具体的座次排定上也有所不同。

（1）小型会议座位安排

指参加者较少的会议，不设立专用的主席台。小型会议的排座，有三种形式：

一是自由择座。就是不排固定的具体座次，而由全体与会者完全自由地选择座位就座。

二是面门设座。一般以面对会议室正门的是会议主席座位。其他的与会者在其两侧自左而右地依次就座。

三是依景设座。所谓依景设座，是指会议主席的具体位置，不必面对会议室正门，而是应当背依会议室之内的主要景致所在，如书画、讲台等。其他与会者的排座，则略同于前者。

具体座位的摆法与布置，可以是椭圆桌形、U 形、口字形等。根据人数、场地大小等现有条件来灵活安排。

（2）大型会议座位安排

大型会议在会场上分设主席台和听众席。主席台必须排座，听众席可排可不排。

主席台排座。大型会场的主席台，一般面对会场主入口，面对听众席。主席台成员的桌上，要放置正反两面的桌签。

主席台排座，具体又分为主席团排座、主持人座席、发言者席位等三个问题。

主席团排座。主席团，是指在主席台上正式就座的全体人员。国内目前排定主席团位次有三个基本规则：一是前排高于后排，二是中央高于两侧，三是左侧高于右侧。这里说的左右，是指在主席台上坐下后自身的方向。

主持人座席。会议主持人位置在前排正中央、前排的两侧或按其具体身份排座，但不应该就座在后排。

发言席。大型而隆重的会议上发言一般不坐原处。发言席常规位置在主席团正前方，或右前方。

听众席排座。大型会议上的听众席，一般按单位、部门或者地位、行业就座。既可以是与会单位、部门的汉字笔画多少、汉语拼音字母的前后，也可以是其平时约定俗成序列。按单位就座，有前后排时，以前排为高，后排为低；有不同楼层的，楼层越高，排序越低。

同一楼层排座又有两种方式：以面对主席台为基准，自前往后横排；或自左而右竖排。

根据会议性质的不同，听众席座位的摆放形式可以有所不同，使之既好看又有利于会议的效果。比如培训会议可以把听众席摆成扇形，使不同角度的学员都方便看到主席台（讲台）；而有多位领导发言的中、大型工作会议，可以安排主席台式，即听众席按照排或列摆放，最前方是主席台位置。

会议引导服务

涉及外单位或上级单位来参加的会议，应有引导服务。引导人员应形象良好，穿着正装并佩戴统一的工作证件。可以在门口、饭店大厅、楼梯口、电梯口设置指引水牌，也可以同时派专人恭候来宾。看到来宾后，微笑鞠躬致意：“您好，请问您是参加 ××× 会议的吗？”确认后，用规范手势引领参会来宾：“您这边请……”

如对方身份高，尤其是主席台上的嘉宾，应直接引领到会场主席台相应位置或贵宾室就座。陪同引导的时候，走在来宾左前侧。遇到拐弯、路有不平或上下楼梯应同时提醒“我引领您到会场，这边请”“请小心脚下”等。

如需签到，在引导中告知来宾：“请您先到 ××（签到处的具体位置）签到，您这边请。”引导到签到处，主动帮来宾翻开签到簿的相应位置，请其签到，签好后说“谢谢”并指引给来宾会议室的位置，引导服务完成。

会议贵宾服务

贵宾室的卫生必须做到窗明几净，物品摆放整齐，茶具应是瓷质盖杯，有托盘，且提前洗净、晾干。并提前调好贵宾室内的温度。

既然是贵宾，就应体现出高标准的针对式接待。首先应知道贵宾基本信息，如姓氏、称呼、大致年龄及外貌形象、所乘车辆，以方便恭候及辨认。然后提前在停车场或大门口恭候。

贵宾车辆停稳后，快步走向贵宾车门位置，左手打开车门，右手挡在车门上框位置，请贵宾下车。当贵宾不习惯这样的规范服务时，就用右手拉开车门、左手做出邀请动作，微笑面向贵宾。贵宾下车后，问候“×××（姓氏＋最高职务）早上好/下午好”并微笑鞠躬。稍停顿，再说“×××（姓氏+最高职务），我是××（单位名称简称）的××（自己姓名），由我引领您到×××（贵宾室的具体位置）”，然后做出邀请动作，并快速走在贵宾左前方约两步远位置，注意保持与贵宾一样的行进速度。行进中，不时向贵宾侧转身并微笑做语言关照“您这边请”，不可以一路沉默。

到达贵宾室，邀请贵宾落座后，给贵宾奉茶。寒冷的季节，进入贵宾室后，还应主动提供助挂服务，即从贵宾身后协助其脱下厚外套（重在协助），将其挂在衣帽间；贵宾离开贵宾室时，再将外套取出交给贵宾或协助其穿好。

茶水服务时，如有多种饮料可供选择的，应主动征求意见。如“孙总，请问您喝茶还是咖啡？”“孙总，有红茶和绿茶，请问您喝哪种？”“孙总，有黄山毛峰和太平猴魁，请问您喝哪种？”

茶水服务礼仪，会在后面做专门介绍。

茶几较低时，注意采用正确的蹲姿奉茶，既优雅又得体高效。（如图 4–2 所示）

上好茶后，即应退出贵宾室。如贵宾只是在此休息，没有会见活动，也没有其他人员来接，这时就可以说：“×××（姓氏+最高职务），您先休息，不打扰了。会议开始前我过来请您。”等下次进贵宾室前应先轻轻敲门，获得应允后再进。

会后的工作

会议结束，做好后续工作，使之有始有终。

散会时，会议室内的服务人员快速扫视会场，看是否有与会者遗留的物品。如有，则第一时间提醒；会议室外服务人员微笑恭送与会者离场，同时提示“带好随行物品，请慢走！”

尽快收拾会场，做好清洁整理工作，将桌椅恢复原状，会议设备检查无误后归回原处。做好单位规定的会议服务记录工作。

另外，此次会议服务中做得好的地方，以及出现的问题，都应做好总结。只有不断总结，才能不断提升服务品质，从而最终实现质的飞跃。

会议茶水服务礼仪

会议服务中，茶水服务是重要的一环。

茶具准备

茶具要求是统一、干净、完美的，忌用破损或花色不同的茶具。提前检查、洗净茶具。

一般用瓷质盖杯。而日常性的小型会议场合，可以用一次性纸杯，最好有杯托。

用瓶装水的，应使用统一的品牌、包装、容量。人数少的重要会议或大会的主席台，用瓶装水时还可以给每人放一个空玻璃杯（最好同时给玻璃杯加纸质杯盖），以方便大家倒进杯中饮用。

图 4-2　茶几较低奉茶注意仪态

冲泡要求

放茶叶时，不要下手抓。最好用茶叶匙 / 茶叶夹取茶，以便掌握茶叶量。也可以将适量茶叶先倒进茶叶筒的盖中，再由盖中倒进茶杯。

为达到最佳口感和色泽效果，注意不同茶叶对水温的要求不同。

绿茶类名茶，不宜用 100℃的沸水冲泡，一般以 80℃左右为宜。这里说的 80℃的水，是指将水烧开再冷却后的温度。茶叶越嫩、越绿，冲泡水温越要低，这样泡出的茶汤才会嫩绿明亮，滋味鲜爽，茶叶中的维生素 C 也较少被破坏。而在高温下，茶汤容易变黄，滋味较苦。

泡饮红茶和中、低档绿茶，用 100℃的沸水冲泡。

冲泡一般的红、绿茶，每杯 150~200 毫升水约放 3 克茶叶。

常言道“茶满欺人”。倒茶时，一般倒水杯的七分满就可以了。

怎么上茶

不能在客户正前方或正后方上茶，而是在客户右侧。

会议服务时，当事先给每个座位放好茶杯，杯内放好茶叶或茶包，这种情况下的上茶就是上水。待会议人员到达坐定，约 5 分钟就应为其加水。会中每隔 15~30 分钟再次续水。左手持水壶，上水前轻声说“打扰一下”，右手将水杯拿离桌面，壶嘴不碰杯口，且壶嘴距杯口距离四五公分以内的位置来操作，离得太远容易溅出茶水烫到客人。

有盖的杯子，用右手中指和无名指夹住杯盖上的提钮，轻轻抬起，大拇指和食指将杯子拿起，侧对客人，在客人右后侧方，用左手持水壶将水倒好，倒好水摆放在对方的右手上方 5~10 公分处，有杯耳的把杯耳转至对方方便拿取的位置。不可以手握杯口端茶。上好后轻声说“请用茶”。茶很烫时还可以提醒“请用茶，小心烫”。

现场奉上倒好茶的茶杯时，则把茶杯放在托盘内，左手托着托盘，从贵宾右侧上茶，右手将茶杯放在贵宾就近的桌前，杯耳转至贵宾右手方便拿取的位置，然后轻声说“请用茶”，同时配合手势示意。不声不响地递茶，很可能被突然的转身或抬胳膊时碰翻。

倒茶续水，先主席台后观众席。

领导或客人的人数少，应该先客人后主人；先一领导、后二领导；先领导后下属。

领导或客人的人数多时，敬茶或续水应以顺时针或逆时针方向依次进行。

在贵宾接待室，讲究先客方领导再主方领导。双方都有随员的，先客方领导再主方领导，而后客方随员，再主方随员。如有两位服务人员同时奉茶或续水时，则先领导后下属，为客主双方同时服务。

敬茶或续水结束离开时，注意举止的得体、优雅，首先后退一、两步再转身离开。具体做法：以基本站姿站立，一般女士先退右脚，将重心放在脚尖上，再将左脚后挪，转身离开。转身时尽量向人多一侧或离出口近的一侧转体，不要给贵宾留个背影。离开会议室时，轻关房门，避免发出不必要的声响。

小提示大道理

服务接待，是服务工作的重要内容。接待中需要努力呈现我们专业、敬业，细心、耐心的服务形象和工作作风，以体现良好的个人素养和单位形象。即使是平凡的岗位，也一样能绽放光彩。

第五课

上门与驻场服务礼仪

THE

FIFTH LESSON

他山之石

章宵是公司新员工。他技术不错，工作上也挺卖力，就是形象有点不拘小节。即使穿制服，他也打扮得“派头”十足：每只手都戴一个大手串，脖子上还挂着长长的星月菩提串儿，头顶是一根根竖起的黄色头发。同事们干脆戏称他为“嚣张”。

有一次，公司派“嚣张”到一客户家做机器检修，“咚咚咚”地敲了七八声后，一位女士将门打开一条缝，“嚣张”说了六个字：“我是来检修的。”对方看看“嚣张”的装扮，又听到他说的话，没让他进门，直接把电话打到公司要求换人。

客户说，实在不放心让他进来。即使“嚣张”再三解释，也无济于事，直到公司派来其他同事才算了事。

服务中，客户对工作人员的第一印象，往往等同于产品品质、服务品质。如何让自己的形象举止更得体，事关工作态度和职业尊严。

服务无小事，品质最重要。在自我权益意识充分觉醒的今天，不管什么样的客户，都很在意服务品质。客户选择企业产品的同时，更是选择了优质的服务，应无愧于客户的选择。

上门服务或驻场服务中，除了要有良好服务技能，还必须提高我们的服务素质，以提升服务品质和客户满意度。

上门服务准备和到达

上门服务，即在客户的主场提供专业服务。相对在本单位内部、客户上门的服务来说，这对服务人员提出了更高的要求。

上门前准备

上门之前，当然有些准备工作要做，以更专业、快速、精准、高效地提供服务。

严格遵守本单位的服务流程。

联络确认。接到单位派发的工作任务，获得任务当天就应和客户电话及时联络确认：出现的问题、设备 / 仪器的型号，客户具体地址、上门时间，以便准备相应的材料用具，规划最佳的行程路线，统筹安排时间。如三四天之前就确认好上门时间，那么在上门的前一天还应再次和客户确认第二天上门的时间。

工具。工具，不仅包括上门服务解决客户问题必备的相关工具及零配件，还包括工作牌、任务单、足够的鞋套，根据工作需要准备垫布、抹布。当然还有干净的工具箱（或工具包）和整洁的着装。

按时上门。可能要迟到时，必须提前打电话向客户说明原因，诚恳致歉，再说明会在什么时间到达。即使客户在电话里有不满，我们也不应反驳或表示出情绪，而是认真听，并表示歉意就好。这时的反驳或情绪化，只能使事情更糟，最终不利的还是自己。

守时是上门服务的工作人员起码准则，无论是什么原因，迟到都会被认为是不守信用、对工作不够重视，从而导致客户对服务人员、服务单位、服务产品产生不满。

到达现场时

伸手不打笑脸人，去客户家或单位，必须保持礼貌，这是风度也是技巧。不管你认为客户的人品如何，出现的问题是客户自己的原因还是问题多么的幼稚，或是客户是如何的小题大做，都必须始终保持礼貌、专业，对客户以及对客户单位的所有人。

到达客户地址，先做自我形象检查：着装是否整齐、整洁，鞋面是否干净。来到客户门前，保持微笑，然后敲门、按门铃，或向前台说明情况。

有门铃的，先按门铃，按两回门铃无人响应再有节奏地敲门。按门铃或敲门，每次中间的间隔时间为 5 秒。即使门开着也应如此处理。按门铃、敲门各两次之后，仍无人应答，再电话联系。

如果比约定时间早半小时以上到达现场，则应先电话联系，向客户确认能否现在上门。获得同意后再敲门或找前台。

被引领到指定地点时，向引领人员致谢。自行来到房间外时，进门前先敲门或按门铃。

开门后或见到前台后，主动自我介绍：你是哪个单位的谁，和谁电话约定来做什么。

上门服务举止礼仪

在客户处现场服务，既要有专业的技能展现，更要有礼貌的服务举止。

服务举止规范

如是去客户家，进屋前穿鞋套。穿鞋套时，先穿一只，穿好踏进客户家，再穿另一只脚的。客户不让穿时，应耐心、微笑地解释这是工作纪律。

带来大件物品的，确保往客户室内拿时不会损伤、弄脏客户地板或墙面，否则就应包好边角，并靠边放稳。

戴手套或帽子时，进屋后先脱掉。带了雨伞，提前用伞套装好。

进入服务现场后，主动向客户打招呼问好。当还有其他人，则向其他人微笑点头致意，不能视而不见。

工具箱或包放在自己身边的地板上，不可以直接摆在桌子上，即使客户建议你这样放。

再次向客户了解、确认问题。现在是当面沟通，务必随时保持良好仪态，站姿得体，微笑注视客户。

当客户描述时间较长时，应保持积极的倾听姿态，并以“嗯”“是”“好”等应答语附和，适时点头。等客户描述完毕，再简要复述确认“××（称呼），您是说 ×××，我理解得对吗？”（如图 5-1 所示）

即使客户对产品或服务有意见甚至口出不逊，也应保持理智、礼貌，先耐心倾听，带着一颗同理心。毕竟客户花钱就是为得到相应有品质的服务，而产品有问题肯定给他带来了麻烦或不便，客户有情绪，完全可以理解，所以这时应该对产品或服务给客户带来的问题，首先表示歉意。

根据现场情况，对于完成工作需要多久、所需物料或收费标准先向客户说明，获得认可后再开始工作。即使不认可，致使工作无法继续，也应礼貌解释或告别。

发现客户方物品摆放的位置会对服务造成妨碍或影响，必须向客户说明，获得同意后小心翼翼地挪动。

服务过程中，会产生垃圾、污物，应有预见性地准备，比如铺上自带的垫子，在垫子上操作，防止污染地面、物品。

问题复杂，当次无法全部解决的，向客户解释原因，此次工作结束时同时约好下次上门时间。

图 5-1　注意倾听和确认

现场服务时的沟通，注意语言文明，不可以说粗话以及怪声怪气的话。也包括不要有让人反感的表情，比如斜眼或上下打量着看人、皱着眉头或板着脸说话等。

不和客户谈论与服务工作无关的事，严禁谈论本单位内部事务。

注意约束举止、好奇心，不可以随意四处溜达、东张西望甚至翻动物品。禁忌的举止就是禁忌的举止，这是个人教养、服务形象、服务素质、服务尊严的问题，和客户是否和善无关。

在客户家或单位不可以抽烟，即使客户自己在抽。

对于客户主动馈赠或提供的物品，应该首先感谢，然后礼貌拒绝，不管是茶水还是烟或小食品等。严禁使用客户方的电话；在客户家里服务时，不用客户的卫生间。

完成离开时

工作完成时，告知客户。简练且用客户的语言（即少说专业术语）说清楚问题原因或你做了哪些工作，怎样使用或如何避免问题，然后耐心地倾听客户的反馈，请客户试用，必要时再做补充说明、操作示范。涉及收费的，告知费用明细。这时的沟通，注意语速和表情，即使接下来的工作很急，后面客户在催，也要注意。避免因着急而出现不必要的差错，或因为最后的态度问题引起客户不满，使服务工作功亏一篑。

将客户的物品归回原位，收拾好自己的物品，不留垃圾。有需要客户签字的，说明原因后再请客户签字，签字后表示感谢。

离开前可以说："打扰您了！有什么问题您可以随时联系客服。再见！"客户单位有人往门口送的，同样感谢送你的人。当在客户家，离开后关门时注意力度要轻。

按规定及时向单位反馈此单的服务情况、结果。

驻场服务基本要求

驻场服务是一种相对特别的服务形式，主要见于提供技术支持的行业。这种服务，既像受双方管理，又像谁都管不了。在这种特殊服务中，如何体现出我们的专业、敬业呢？

熟悉了解

驻场服务，说明工作任务相对比较重，随时都需要在场提供服务支持。那么，我们首先就应了解驻场的职责范围，和客户方对接联络的部门、人员及联系方式。

平时驻场服务中，常会遇到哪些问题，这些也最好提前向同事请教、了解，未雨绸缪肯定不是坏事，正所谓不打无准备之仗。

了解本单位对驻场人员的管理制度、工作流程并严格遵守。

还要了解客户方的工作时间、员工管理制度并遵守。不要因为不是直接给你发工资，就可以无视这些。要知道，当你明显地有悖于对方的员工管理制度时，往往被认为是一种挑衅，给他们的员工带来不好示范，破坏规则。这样的驻场人员，必然会被排斥，工作当然也难获得对方的有力支持了。和客户方工作人员处好关系，和谐相处，也便于开展服务工作。

注意形象

驻场在外，自律就显得更为重要，自律者人敬，自重者人重。客户方员工是否着装规范，不是我们驻场人员可以随意的借口。我们是代表自己的单位、自己的品牌驻场提供专业服务，理应体现出专业的形象和积极的精神面貌。所以整齐的发型、得体的面容、清新的口气、整洁的工装、规范佩戴的工牌、干净的鞋，都是我们应有的仪表形象。

工作中站有站相，坐有坐相，杜绝让人反感的仪态举止，如：用眼睛余光或上下打量式地看人，倚靠、抖腿、双手插衣兜或抱在胸前而站，躺坐、趴着桌子坐，大叉开双腿坐或站，狭窄的过道中抢行，单个手指指人或物，等等。

驻场服务的做和说

驻场服务的工作，重在两方面的内容：怎么做，怎么说。

驻场服务怎么做

“做”，当然是认真做事，用心做事。所谓认真，就是把职责范围内的事情做好，并有效处理好和客户方相关人员的人际关系。

（1）注意交往礼仪

沟通中，注意不时地有称呼，以示你知道是在和谁说话，并熟悉、了解情况。对于女性客户，不知道对方姓氏时，可以称呼“女士”。实际上驻场服务，会像同事一样长期相处，理应主动询问对方姓氏“不知道怎么称呼您”或“您贵姓”。知道姓氏且对方又年轻时，可以称呼“姓氏＋小姐”，绝不可以直接称呼“小姐”。另外，对方单位有自己的称呼习惯时，可以尊重并遵守，以便能够更加融洽地相处。

和客户方领导以及打过交道的客户方同事见面时，主动微笑打招呼，这是基本礼貌。而对于客户方领导，打招呼应有称呼，而不只是点头。

乘电梯时，注意礼让他人。遇到认识的客户方的人，注意微笑点头。进电梯后尽可能往侧面边上站，以方便其他人上下电梯。

和客户方领导同乘电梯，无专人驾驶的电梯，自己先进控制电梯，再请客方领导进；到达目的楼层时，自己控制住电梯，请客方领导先出。有专人驾驶电梯的，则请客方领导先进先出。进出房门，进门时，外开门则请客户方领导先进；内开门主动为其开门，自己先进，扶好门后再请客户方领导进。

（2）积极有效工作

驻场人员按客户方的考勤规定执行，遵守客户方的各项规章制度，有事必须履行请假手续。客户方要求休息日或法定节假日加班的，提前报自己单位的部门主管批准。

确保自己的办公场所整洁有序，不在工作时间做和工作无关的事情，比如玩游戏，看报纸杂志，玩手机，不在禁烟区吸烟等。文件资料、工作工具按规有序摆放。

自觉履行岗位职责，严格遵守本单位业务操作流程，按要求汇报工作进度及工作成果，并和客户单位协调配合，保障分管业务的开展，圆满完成本职工作。

维护自己单位的声誉，保守机密，尽忠职守，不做有损自己单位形象、信誉的行为。单位派你独当一面，那是莫大的信任，所以驻场人员更不能辜负单位及领导同事的信任。

自己单位寄送或下发的文件、物品等及时签收并有效回复。驻场服务中了解到的、客户方的相关内部消息、机密等，到你为止，不向任何第三方传播。

未经单位授权不得越权，包括但不限于对外擅自承诺超出公司经营政策的条件、擅自签署协议等。

服从工作安排，对所担负的工作争取时效，不拖延、不积压。除完成本身职能内的事以外，还应协助完成客户方指定的相关其他工作。

严格按照本单位的操作规则进行安装、调试、维修、维护、检测等。发现问题第一时间报告给客户方。

在客户现场完成服务后，恢复客户环境。

对出现的问题，不管是客户方还是我方的原因，即使单位没要求，驻场人员也应记录总结：问题原因、解决办法、客户反馈及意见。这样可以防微杜渐，避免再次出现类似问题，提高服务效率和客户满意度。

驻场服务怎么说

驻场人员和产品使用人员及管理人员接触更多，对他们的个人使用习惯以及沟通方式都会有所了解，应主动适应、配合他们的习惯和方式，确保高效、有效地完成工作。

发现问题，第一时间主动向客户方主管领导或值班人员汇报，时间紧急的先说现象再说处理办法，这时候不应再是先解释让客户听不懂的、复杂的原因。

即使是客户方原因，或者你认为是客户方的无理要求，沟通中都需要保持理性、冷静、礼貌。有些问题，只是双方站的角度不同，产生认知的差别而已。试着站在客户方角度来看问题，或许结果就不同了。禁忌的语言包括“不管”“不行”“不可能”“您错了”“那是你们的问题”等冷、硬话语。出现问题，首先表示出同理心，我们应该和客户一样着急，急客户所急，想客户所想。毕竟影响了客户的使用，先赶紧解决问题，而不是急着推卸责任。

耐心倾听客户说话，不管你认为是啰唆，还是多余或无理，他们就是客户。认真倾听不仅是你的职责、礼貌，而且往往在倾听中可以了解到他的真实想法，这非常有利于开展工作。倾听中表现出皱着眉头，或者自己干着其他事，甚至打断、抢话、插话、争辩或大声说话，都是极失礼的行为。这样的驻场行为，没法良好协作，只能引发对你单位的更大不满。

对客户的疑问，有问必答，答必清楚。毕竟驻场人员是专业人士，客户方有各种疑问是正常的，让对方了解清楚，更有利于双方的合作，这也正是驻场人员价值所在。

解决问题后，如是客户方的问题，注意委婉的表达方式：“刚才的原因是 ×××，不过也难免，我们其他客户那儿也出现过这样的问题。操作中最好 ×××，这样能最大限度地避免出现这样的问题。”

小提示大道理

不管是上门还是驻场，都是面对面服务。这不仅需要过硬的服务技能，重要的是还要有更加过硬的服务素质：服务形象、服务举止、沟通技巧。这是高品质服务的必备素质。

第六课

通信服务礼仪

THE
SIXTH LESSON

他山之石

李总上次回国看到了家乡的巨大变化，无比怀念故土的他想在家乡做点投资。

他想先就投资政策问题亲自做些了解。第一次是在他中午开会结束时，电话打过去，没人接。他想：应该是中午休息吧。第二次是下午两点，电话占线：电话咨询很多吧。接着每隔十分钟打一次，连打四次，都是占线。

第二天早上九点，他又把电话打过去，这回终于有人接了。电话开头是一段让李总热心沸腾的家乡发展介绍。然后在一声近乎听不见的、平淡的“喂”之后，就没声了。李总问了关心的问题后，对方说：“你说的事，有些我不太清楚，有些我们网站上有介绍。”李总说网上没找到，对方说了句“不可能”之后，好像在电话外面和他人争执着什么，之后又跟李总说：“我现在很忙，你自己从网上找找。”“啪”地挂了电话。李总陷入了沉思……

对服务岗位来说，电话处理得专业与否，事关对所在单位认可度的问题。

通信工具是现代职场重要的内外联络手段。在对外联络中，从某种意义上说，处理得是否专业，直接关系到客户对服务人员、对单位甚至相关产品的认知度。

电话礼仪小测试

对于只闻其声不见其人的电话，有些工作人员并不重视。正因为如此，才导致很多不符合礼仪规范、不拘小节的电话沟通让领导痛苦、让客户愤怒。

打电话测试

我在礼仪培训中，发现很多服务人员都认为打电话实在是“小菜一碟”，以致对此不屑一顾：拿起话筒、拨好号码、张嘴就说。事实真是这样吗？

我们在讲打电话礼仪这碟“小菜”之前，还是先做个打电话的测试，看看你到底表现如何（你认为对的就打“√”，认为错误的打“×”）。

1．电话形象嘛，对方也看不到，有点小问题没关系。面对面

时多注意就行。(　　)

2．打电话要注意对象。在中小城市，服务岗位打电话当然必须用方言啦。(　　)

3．为了客户有时间接电话，可以在晚上的时间晚一点打电话。(　　)

4．为防止对方听不到，说话声音要大一点。(　　)

5．为拉近关系，初次和客户电话交谈时可以聊聊客户的个人情况。(　　)

6．打通电话，先告诉对方你要找的人。(　　)

7．给新疆客户打电话，北京时间中午十二点可别打，人家正在休息呢。(　　)

8．为了保持旺盛的精力、更有效地工作，可以躺、靠在椅子上打电话。(　　)

9．作为打电话的人，即使是服务人员，也应该先结束电话。(　　)

10．饿的时候，可以边吃点噪声小的零食边接电话，以使“底气”更足。(　　)

说明：以上十道打电话礼仪测试题，其实都是客户反感的行为或现象。当然了，这十道题的答案全是“×”。

如果有两道以上的题答错了，说明到了要注意电话形象的时候了。如果答错四道以上，你的电话形象已经影响到了企业形象、公司业务，改变已经刻不容缓，否则你的单位只能很快换接打电话的人。

接电话测试

这是我在礼仪培训中做过的某企业电话礼仪测试实例。该企业给我们提供了六个业务电话号码，我们随机打了四部电话，其中两个电话都是以下的情景。

情景一：

电话响了二十几秒后，有人接起电话“你好”，然后就没有声音了。我们测试人员也没有说话，但仍在听着电话。又过了五六秒，对方“啪”地挂了电话。

情景二：

电话响了约两声后，有人接起电话：“你好，×× 公司。”

测试人员：“找一下市场部的李华，谢谢！”

工作人员：“市场部？错了。”

“啪”地挂了电话。

另外有一部没有人接，只有一部电话基本符合礼仪规范（过程略）。

以上这些情景，必然在很多单位存在，只是你可能没有意识到而已。

以下是接电话礼仪测试题，可以对照自己平时接电话的实际表现，做一下测评（你认为对的就打“√”，错误的打“×”）。

1. 电话一响立即接起来或者响过四五声再从容地接起来。(　　)

2. 不是本部门的电话，就没必要理，免得耽误正常的工作。(　　)

3. 如果是其他同事的业务电话，要立即大声喊他来接。(　　)

4. 手头工作太忙时，可以不接电话或是直接把电话线拔掉。(　　)

5. 当两部电话同时响起，只能接一部，另一部不用管它。(　　)

6. 快下班的时候，为了更好地解答客户咨询，让客户改天再打电话来。(　　)

7. 接客户电话，严格控制时长，坚持执行“三分钟”原则，到时间就结束。(　　)

8. 电话意外中断，即使知道对方是谁也不应主动打过去，而是等对方打过来。(　　)

9. 接到打错的电话，不用理会，马上挂掉，不能耽误工作时间。(　　)

10. 在和客户沟通，如果手机响了，应避开客户到其他地方接听。(　　)

说明：如果你有两道以上的题答错了，说明到了要注意自己电话礼仪的时候了。如果错了四个以上，你的电话礼仪已经到了影响单位形象和业务的地步，改变已经刻不容缓。

以上十道题的答案，全是“×”。

如果有疑问，请带着疑问阅读以下内容。

对外打电话礼仪

毫无疑问，只有在适宜的时候打电话，才会事半功倍。关于时间问题，主要有两个方面：一是什么时候打电话；二是电话打多久。

何时打电话

按照惯例，通话的最佳时间，一是双方预先约定的时间，二是对方方便的时间。那什么是对方方便的时间呢？也就是不忙的时间。

以下是几个主要职业的人士比较忙或空闲的时间段：

会计师最忙是月头和月尾；医生最忙是上午，下雨天会有一点空闲时间；销售人员有闲的时间是上午 9 点前、下午 4 点后；行政人员 10 点半后到下午 3 点最忙；公务员最适合的时间是上班时间，但不要在午饭前后和下班前半小时；教师最适合的时间是放学的时候；家庭主妇最适合的时间是早上 10 点至 11 点；忙碌的高层人士最适合的时间是早上 8 点前下午 5 点后。

除非有十万火急的事必须立即通告，否则不要在他人的休息时间打电话。这个时间段是指每天上午 7 点之前、晚上 6 点之后以及午休的时间等。

在给和北京标准时间有时间差的地区打电话，应先了解时差，比如我国新疆地区，和北京标准时间相差两小时。当我们是下午两点的时候，新疆地区实际上正好是中午时间（相当于我们其他地区的中午十二点）；还有，海外地区时间差更明显，甚至和国内“黑白颠倒”。这些必须有所了解。（如图 6–1 所示）

对于不懂时机、乱打电话这种“不识趣”的工作人员，就难指望达到好的沟通效果、留下良好印象了。

通话长度

一般情况下，每次通话的具体长度都要有所控制。一般电话礼仪规范中强调的“三分钟原则”，在服务工作中“打电话”的礼仪规范中，依然实用。这个原则的本意是提倡“以短为佳，宁短勿长”。这就要求打电话的时候，服务人员自觉、有意识地控制好打电话的时间长度，内容沟通做到简洁明了、寒暄适可而止。

打电话时，还要能善解人意，将心比心，对接电话的人多多体谅。在把握通话时间的时候更要这样。所以，除要自觉控制通话长度外，必要时还应注意客户的反应。比如，可以在开始通话时先问对方，现在通话是否方便，如不方便的话再约时间。

如果通话时间较长，通话开始前就要先征求客户意见，通话结束时还应表示歉意。

世界时差对照表

世界时（格林尼治标准时）中午十二时

与世界一些城市当地时间对照表

地名时间		地名时间		地名时间	
北京	20:00	地拉那	13:00	莫斯科	15:00
旧金山	4:00	斯德哥尔摩	13:00	德黑兰	15:30
墨西哥城	6:00	维也纳	13:00	卡拉奇	17:00
危地马拉城	6:00	华沙	13:00	科伦坡	17:30
哈瓦那	7:00	罗马	13:00	新德里	17:30
巴拿马城	7:00	布拉格	13:00	孟买	17:30
波哥大	7:00	巴黎	13:00	达卡	18:00
利马	7:00	日内瓦	13:00	仰光	18:30
华盛顿	7:00	布达佩斯	13:00	金边	19:00
纽约	7:00	贝尔格莱德	13:00	曼谷	19:00
加拉加斯	7:30	柏林	13:00	河内	19:00
圣地亚哥（智利）	8:00	索菲亚	14:00	乌兰巴托	19:00
布宜诺斯艾利斯	9:00	大马士革	14:00	雅加达	19:30
蒙得维的亚	9:00	安卡拉	14:00	新加坡	19:30
雷克雅未克	11:00	开罗	14:00	马尼拉	20:00
伦敦	12:00	卢萨卡	14:00	伊尔库茨克	20:00
科纳克里	12:00	开普敦	14:00	平壤	21:00
阿克拉	12:00	布加勒斯特	14:00	东京	21:00
巴马科	12:00	赫尔辛基	14:00	大阪	21:00
达喀尔	12:00	巴格达	15:00	堪培拉	22:00
阿尔及尔	12:00	内罗毕	15:00	惠灵顿	24:00
布拉柴维尔	13:00	达累斯萨拉姆	15:00		

图 6-1　时差表

内容要简练

通话内容注意简练，这不只是礼仪上的规范，而且也是限定通话长度的必要前提。想做到内容简练，就要注意以下内容。

（1）事先准备

充分的准备是保证内容简练的前提。所以每次给客户打电话之前，都要做好准备。准备什么？接话人的姓名、电话号码、通话要点等内容，为不至于遗忘，可以列一张清单。这样在通话的时候，就不会出现边想边说、缺少条理、丢三落四的情况了。

列电话内容清单是个很不错的方法，而且简练、条理性的电话交流，更能使客户感到服务人员的训练有素、诚实可信。

（2）简明扼要

通话的时候，讲话要实事求是，不要东拉西扯。问候完毕对方，就要直奔主题，少说题外话，不说废话，也不要节外生枝，没话找话。最忌讳打电话的人吞吞吐吐，含糊不清，更要避免煲“电话粥”。

（3）适可而止

打电话时应自觉控制通话长度。讲完要讲的话，简单确认后就要采取行动，终止通话。由打电话的人终止通话是惯例，而且也是打电话者的义务。终止通话的时候要给客户明显提示，并向客户道谢、再见。一般要等客户先挂断电话，自己再轻轻放下电话。

举止要文明

很多人认为电话只能传达声音，只要别在电话里吵架就行了，因为对方不可能从电话中看见我们在做什么。

换个角度来看。我们自己都有这样的体会：往往能从电话里判断出电话线那头是个什么样的人，这就是声音的作用。甚至可以让其他人试听我们的声音，不同的表情、不同的姿态，发出的声音会不同。

也许打电话的时候真的诚恳，但打电话的表情却是机械没活力的，对方从电话里听到的声音可能就是平淡的、呆板的、甚至是不愉快的。

所以，打电话的时候也要同时保持微笑，让声调充满笑意，甚至比平时高兴的时候有更多的笑意。

还要保持端庄得体的坐姿或站姿。无论如何，都不要在通话时把话筒夹在脖子下，抱着电话机随意走动。或是趴着、仰着、坐在桌角上，或是高架双腿和他人通话。也不可以边打电话边吃东西或喝水。这些不好的举止，完全能让客户从声音中感觉出来。因为这些情况下发出的声音或反应是和普通状态下完全不一样的。

通话的时候，不要发声过高，免得让听话人承受不起。提倡话筒和嘴保持 3 厘米左右的距离，以正常说话音量就行了。

作为服务工作人员来说，应该在客户挂电话之后才能挂电话。挂座机电话的时候要先按断扣机键，再轻放听筒。绝不能用力一摔，否则这种情况下产生的噪声会让对方震耳欲聋、吓一跳。

给客户打手机，接通之后，介绍自己后要首先问："请问您现在方便接听电话吗。"对方表示可以，则继续通话，且简洁地说。而且如果打过去，对方不接听，就不要再三地打，或许客户这会儿不方便接听或手机不在身边。多一分理解，多一份好心情。

接电话服务礼仪

接电话的时候必须做到心中有数、操作有度，接听有记录。同时桌上应准备好笔、记录本或纸，以准备随时做记录用。

应该说，绝大多数都应该是在亲自接听电话，包括一般业务电话、800 服务电话。按照电话礼仪的要求，需要了解和注意以下三个问题。

接听及时

接听电话是不是及时，实质上反映了服务人员待人接物的真实态度。

接电话的时候，我们提倡"铃响不过三"：接听电话以铃响三声之内最适当。不要铃响很久，才姗姗来迟。也不要铃声一响就立刻拿起电话，这样往往会让打电话的人大吃一惊。要给打电话的人一个心理准备时间。当电话响第二声接起电话是最合适的。

就像敲门一样，如果刚敲第一声门就开了，没准会让对方吓一跳，而且还会认为你清闲得聚精会神地在等着给他人开门。如果门被敲了四五声还没人应，又会被认为没有人在，或是不想搭理敲门的人。

因故在电话铃响三声之后接电话的话，接起电话后首先说："对不起，让您久等了！"因为特殊原因，致使铃响过久才接，要在和对方通话之前先向对方致歉。

应对谦和

接电话的应对方面，服务人员应注意以下四点。

（1）主动问候

拿起话筒后，首先向客户问好，然后自报家门。向打电话人问好，一是出于礼貌，二是为了说明有人正在接听。严禁以"喂"开头问好，因为"喂"字表示"我接电话了，你是谁啊，说话呀"等话语。而且，如果"喂"时语气不好，很容易让人反感（大声急促地说"喂"会让对方觉得火气很大，拖长腔调地说"喂"会让对方觉得官腔十足，轻声无力地说"喂"更会让对方觉得底气不足或心虚）。所以，接电话时的问候应该是热情而亲切的"您好！"。如果对方首先问好，则应立即问候对方，不能一声不吭。至于要自报家门，则是为告诉打电话者，是否拨错号码。

规范的自报家门，有两个情况。一个是直拨电话的自报家门，这时候就需要给以一个标准的应答语，即"您好，××（单位简称）"；一个是分机的自报家门，可以以"您好＋部门名称"甚至自己的姓名。

（2）用心聆听

通话中的态度要谦恭友好，尤其是客户来电咨询，更应表现得不卑不亢、热情亲切，也不可以一言不发，有意冷场。对客户的问题耐心地听取、认真地讲解。用心聆听，可以通过一些举止来具体表现，比如做重要内容，特别是数据的记录；经常回应客户的话，或者引述客户刚刚讲话的内容。

（3）注意确认

客户在电话中不管是咨询还是投诉，对于重要内容都应确认好，服务中没有“我以为”。比如对问题的描述，为避免歧义，应该重复客户的主要观点并予以确认：“您说的是 1.×××，2.×××，3.×××，您看我理解得对吗？”只有精准理解对方的意思，才谈得上解决问题。涉及数字、地址等信息，同样需要确认。

（4）规范终止通话

当通话终止时，不要忘记向发话人道“再见”。如通话因故暂时中断后，对于重要的客户或上级，应主动拨回去。不要扬长而去，更不应为此而责怪对方。

主次分明

接电话的时候，暂时放下手里的工作。如果正在和他人谈话，示意对方自己要接电话，一会再继续说。并在接完电话后向对方道歉。同时也尽量不要让打电话者感到“电话打得不是时候”。但如果当时确实有非常重要的事情，就要在接到电话后向客户说明原因，表示歉意，并再约一个具体时间，主动打过去。而且下次通话时再次致歉。

当两部电话同时响起，或者在接听电话时，恰好另一个电话打来，要向正在通话的客户简短说明原因，请对方不要挂电话，稍候片刻，再去接另一个电话。接通之后，先请对方稍候，或过一会儿再打进来，也可以留下对方电话稍候打去，然后再继续第一个电话。对答应给回复的电话，就要信守承诺及时回复。

对于服务人员来说无论自己多忙，都不能拔掉电话线、不接电话、把话筒放一边，或者在接电话的时候以忙为借口敷衍了事。

把握时间

一般工作场合提倡的“三分钟原则”，在服务工作“接电话”的礼仪规范中，不能照搬全用。客户“无事不登三宝殿”，如果客户的事情还没说清楚，服务人员就想着“三分钟原则”而不由自主地表现得心不在焉或者催促结束电话，就反而达不到服务的效果。职场礼仪的本意是更有效地工作，让客户更加满意，而绝不能流于形式和教条，所以在此原则之上，需要适当随机应变。

从客户方面来说。他是有求而来、有需而来，当然希望能解决问题。当问题得到解决，谁也不愿意在电话线上耗时间。在他们看来，不管找谁，都是这个单位的人，都不应该推卸责任、“踢皮球”。而且，他们希望能够尽快了解事情，应给以明确、具体化的解决方案，不能模棱两可。

从服务人员方面来说。要求对相关咨询解答业务非常熟悉，而且还要知道相关问题是由哪个部门甚至具体到哪个人可以得到有效答复，并熟知他们的电话号码。在电话中要以实际解决客户提出的问题为原则，避免自己再提出旁枝末节，自找麻烦。自己能解决的，立即答复、解决；自己马上解决不了的，明确告诉客户一个时间段，在这个时间段内给以明确回复；不是自己职责内的事情，不能表现出推卸责任的口气，可以说："为了给您更专业、更有效的回复，我帮您把电话转到 ×× 好吗？实在对不起。"或者说："为了给您更专业、更有效的回复，我请我们的 ×× 给您回复电话好吗？他是负责这项工作的专业人士。请您留一下电话……。"

特别是 800 类客户免费电话，如果把握不好，不仅客户的问题得不到满意答复与解决，还会影响其他客户的咨询，不仅影响声誉同时也浪费了公司的通话成本。

避免的用语

服务人员在接听电话过程中，杜绝下面这些不专业、不礼貌的话：

你搞错了……

我们从没……

你肯定弄混了……

我们不可能……

你怎么回事……

这会儿太忙……

你好像不明白……

我们公司规定……

这也没什么呀……

总结分析

针对服务单位在接电话礼仪规范中，遇到有关情况时怎样快速、规范地处理，我经常建议负责电话接待的人员，每个人都详细地写出自己遇到过的问题，不管是很好解决的还是不好解决的。然后再由大家集体讨论，继而形成最佳的答案。或者由专业人士根据单位的实际情况来解答、整理。这就是一份针对本单位的、规范而有效的电话应答手册。

电话转接礼仪

日常服务工作中，转接电话分两种情况：一是总机电话；二是替接电话。这两种转接电话在具体处理上有些区别。

总机电话

相对其他电话而言，总机只是一个接入、转出的功能，所以就更强调礼仪性，更注重声音形象，普通话标准、口齿清楚、声音优美是具体要求。此外还要注意以下几点。

（1）电话过滤

总机电话这时候就有了一个功能：过滤电话。很多总机接线员都有这样的体会：每天都会接到一些莫名其妙、耽误工作的电话，这些电话无非就是做各种产品的推销。这时候，总机就要适当礼貌地过滤电话，不要让同事们被一些无用的电话干扰工作。

怎么过滤？这些电话都有个共同点，就是往往只找部门，而没有人的具体姓名。当要找的那个部门，而你企业又没有该部门，或者如果说找“广告部负责人”“人力资源部负责人”“培训部负责人”之类的含糊说法，就可以询问一下，具体要找的是哪一位、您是哪个单位？如果说不上来，或者没有说出具体的和公司业务相关的事宜，就不用转接。特别是找公司负责人的电话，更要注意有效过滤。在领导看来，接这些电话既浪费时间又烦人。如果对方说不出负责人的姓名，而且也不是约定的单位就可以直接说“对不起，老总这几天不在”为由推掉。

有时总机还会被特别交代哪些电话不要转。这时问题就变得更简单了。当接到“特别”电话之后，可以说“好的，我帮您转一下”“啊，实在对不起，电话没人接”或“实在对不起，××今天不在”。

采用委婉的拒绝方式，既不会损害公司形象，又给了打电话者足够的面子。

（2）及时转接

总机电话同样要三声之内接起来，拿起电话的第一句话应该是

“您好，××（公司名称，可以是简称）”，之后再转到客户所需要转的分机号码。也有的总机为自动应答，只需打电话人直接拨分机号即可。作为总机，接电话的语气一定要专业。公司名称的最后一个字应该用上扬的音调，以显示出积极、热情的语气。另外，吐字必须清晰，语速适中。

当电话已设定自动播放本企业广告，这时接起电话热情而干练地说“您好”就可以了。

客户不知道分机号码，而只知道姓名或部门名称，需要查询的时候，应该说一声“请稍候”，然后尽快找到分机号并转过去，这个时间长度不应该超过10秒钟。

当分机占线，以抱歉的口吻跟客户说：“实在抱歉，您要的分机占线，请稍过一会儿再打过来，好吗？”

（3）处理客户不满

应该说，处理客户不满并不是总机的事情，只需直接把电话转到相关部门或人员就行。但总有客户就是喜欢向总机抱怨。这时总机一定要得体处理好：如果自己处理，一是不专业，详细情况不了解；二是会耽误其他电话的转接。所以这时就要采取一定措施。

先要把投诉的客户以简单的语句稳住情绪，这时可以问一下他的姓氏，然后再说“请您先不要着急，我帮您转电话”“实在对不起，李先生，我们的工作给您带来了不便”“是啊，王先生，我也挺遗憾的”。如果这时候说“这事我不管”“我不清楚，你找××部门吧”，无疑是火上浇油。接下来可以说："李先生，您的这个情况，我们有专人（专门部门）解决，既专业又迅速。相信会在最短的时间内，给您满意的答复。我马上帮您把电话转过去，好吗？"这时候，你就可以直接把电话转给相关部门。这样处理，既没耽误总机的正常工作，又适当地给客户降了火。（如图 6–2 所示）

替接电话

不管是谁接的电话，都是客户打来的、有所求的电话。所以，即使不在或不是本部门的电话，也不可以冷淡处之。在客户看来你是该单位的人，如果不礼貌地应对，他会认为这个单位的人都不礼貌，随即就会联想到这家单位的产品或服务同样不可靠。事后即使有"生花的妙嘴"也难以改变客户的这种心理定式了。

当同事不在座位上，并且马上就能回来，你可以请客户稍等；而同事就在座位附近，可以快步走过去叫他，千万不要大喊大叫。

当同事不在，可以询问对方，是否方便转告或是请他本人回电话。如果客户想让你转告的话就会直接告诉你什么事情；而觉得不方便转告，就会告诉你一些基本情况。这些基本情况应该包括：姓名（至少是姓氏）、单位（有时候对方不一定告诉）、联系方式，打电话想要说的事情（这一条客户也不一定告诉）回电话的时间要求。也就是说，如果对方同意事后给他回复电话，至少要知道对方是谁、联系方式两大项内容。这样的话，方便同事事后及时、准确处理。总不能跟同事说"刚才一个男的找你，好像是个男的"，如有来电显

图 6-2　总机必须注意语言艺术

示，且对方是办公室的座机电话，让同事如何找？

另外，记录对方电话号码特别是手机号码的时候，要充分尊重对方的思维及表达习惯，按对方给你报号码的习惯记录并给他重复。特别是手机号码，如果对方把十一位数字按四位、三位、四位地告诉你，你也应该这样记录，并在每组数字中间稍空一点，重复的时候也按这样的思路报给对方听。比如对方的电话是“1234 123 1234”，你按照对方的思路来核对复述就好，而不是按自己的习惯改动为“123 412 312 34”，对方听到这样的复述，可能一下子还会有点蒙。

把这些内容记录在“电话记录表”上转交给同事。（如表 6–1 所示）

表 6–1　电话记录表

来电时间		姓名	
性别		单位名称	
电话号码		紧急程度	
内容：			
接听者		日期	

有时候客户咨询电话，如果要找的人不在，他会就相关事宜直接咨询接电话的人。这时候，如果是一般业务咨询，就要同样认真、负责地详细解答，不要因为跟自己没有利益关系就推脱或者态度不

好。当咨询内容里涉及一些经济往来、合同等内容，就要慎重回答，或者以“因为当初是 ×× 负责全权和您接洽，所以这些内容还是请 ×× 再和您具体落实，好吗”等类似委婉的说辞，把这些敏感内容的决定权再转给同事，否则前后口径不一致，很容易让客户误解。这时候，接电话的人同样需要记录客户的相关信息并第一时间转交给相关同事。

手机和微信礼仪

因手机使用不当，而影响服务人员和客户关系的现象越来越多。我们从服务人员实际工作的角度出发，介绍四方面的内容。

手机接打

手机不要挂在脖子上，也不要总拿在手里或放在西装上衣外口袋里。

手机一样也要在三声之内接起来。手机是私人联络方式，所以接起电话后，在问候“您好”之后，就不必自报家门了。

在接听和拨打电话时，不要妨碍和影响他人，声音适度，没必要大声嚷嚷。遇到信号不好或通信中断，即使嗓门再大，也无法帮你加强通信信号。应该先结束通话，过一会儿再联络。

在工作场合，如果非得接打手机，要把自己的声音尽可能地压低，而绝不能大声说话，特别是在客户面前。

在客户面前接打手机，应先致歉，如果当着客户的面接听，就要三言两语解决掉，不应在手机里长篇大论，让客户干等。

不宜使用手机的场合

为客户提供服务时，和客户洽谈时，陪同客户用餐、欣赏文艺演出、文艺作品时，在加油站、医院重症病房、开车时……这些都是不宜使用手机的场合。

铃声与短信

彩铃是给打电话者听的，所以服务人员不能使用过于怪异、格调低下的彩铃，以免影响自己和单位形象。

一切需要关机或把手机调成振动状态的场合，都不宜频繁使用短信。可以使用短信功能给较为熟悉的客户发祝贺、祝福语。不要给客户，哪怕是非常熟悉的客户发送庸俗的、不健康的、格调不高的短信。短信也同样应有称呼和落款。对于紧急、重要的事情，应该使用电话直接沟通。

微信礼仪

微信是相对比较私密的沟通软件，没必要见人就“扫一扫”，也不应随便加客户微信。

微信语音不是任何时候都方便收听。当涉及复杂、重要的，或数字内容，应避免用语音，仅听声音听错的概率更大。加微信后的初次沟通，最好不用语音。语音沟通往往被认为更适合熟悉、亲近者之间的交流。

听微信语音最好戴耳机，除非周围没其他人。当然也可以将语音转成文字形式阅读。

注意内容简练，发一条就能说清楚的，不要一条条不停发，以免对方在开会或谈事时，手机响个没完，造成干扰。内容编写后读一遍，看看意思是否完整，数字、标点有无错误。发送前再次确认联系人是否对，避免将内容发错对象。

对于重要事情的内容发过去没得到回复，应该主动电话联系。另外，收到他人微信及时回复，以免对方牵挂。不发低俗或未经证实的内容。

留言点赞不随意。不是任何内容都适合点赞，没必要为了刷存在感而让他人反感。

在为客户服务中，不可以目中无人不停地玩微信。因服务需要而使用时，应提前沟通，认可同意后再使用，如需要客户扫描完成派单任务时。

网络接待礼仪

人工智能的新时代，越来越多的单位为方便客户咨询联络，开通了网络接待功能，使客户可以通过网络在线交流，快捷又方便。不管是微信，还是 QQ 或是其他方式的在线，对接待者的基本要求都一样。

工作时间保持在线状态。

可以改名称的在线咨询工具，都应改成单位的标准名称或标准化简称，以便客户识别，不用个性化昵称。

以“您好，××！”开始，以“谢谢您的咨询！”结束。

始终以“您”来称呼，内容确认后再“发送”。中途必须暂时离开或需要了解情况再回复时，先告知咨询者。

知道对方姓氏后，以姓氏相称呼。不知道的可以主动询问。

职权外的事宜，不擅自做主回答。不清楚的事宜，不随便回答或不直接说“不知道”，而是做了解后解答，或者告诉咨询者可以解决此问题的具体部门电话。

对于不熟悉的事项，不可以贸然回复，更不能以“或许”“我猜”“说不定”这样模棱两可的话来应付咨询者。可以请咨询者稍等，确认后回复；条件不允许的，可以提供相关部门电话，请咨询者电话咨询。

网络沟通中，也同样要有同理心，如当客户表达出着急，可以用“是挺让人着急的”或安抚客户情绪“您先别着急”等措辞来表达，而非视而不见、充耳不闻。

在线咨询接待，重点是“听”，听情况、听缘由、听需求……但当咨询者说得多，却没重点的，应该以自己专业的知识和经验来引导咨询者说出你需要的信息，而不是简单打断。

在线咨询，是为方便解决一些基本事项，所以详细的情况，重要的事，有时还是需要请客户来单位当面详细了解或办理。

同时接待多位网络咨询者，根据重要性、先后顺序、紧急程度来做先后回复的依据。同时对晚回复者表达歉意。

即使遇到不礼貌的咨询者，我们也没必要同样不礼貌。

解答中避免用网络用语，不发不常见的个性表情或容易误解的表情。

负责语音解答的，对于本地说方言的咨询者，可同样以本地方言来解答；对于说普通话或外地咨询者，应以普通话来沟通。

网络接待一般不应留个人联系方式给咨询者。

对于使用频率很高的内容，如地址、电话、办事流程、注意事项，以及其他常用的解答内容，可以创建快捷方式；或者应该整理出一个文档，需要的时候以复制粘贴的形式发给咨询者，这样既高效又避免出错。

小提示大道理

言为心声，语为人镜。服务人员在使用现代通信工具和客户交流沟通时，相对见面沟通来说，更需要站在客户角度想问题，并注意表达的严谨，以及有始有终，有礼有节。

第七课

正确处理客户异议

THE

SEVENTH LESSON

他山之石

王小兰是某饭店的服务员。一天午餐服务中，一位客人气愤地用筷子敲打着盘子，原来香菇油菜中有条小青虫。

“啥意思啊？”客人没好气地问。小兰赶紧微笑着说：“实在对不起，这是我们的疏忽，请您原谅，我先给您换一份吧。”说完赶紧端走了这份菜，过一会儿又重新送来了一份分量更足的香菇油菜。她鞠了一躬后，微笑着说：“实在对不起，我为我们的疏忽向您道歉。因为我们饭店都是无污染的绿色蔬菜，所以菜上面才可能长虫。我们今后工作一定更加注意。今天实在对不起各位了。为表示歉意，刚才我请示了主管，今天的餐费打八折。”经小兰这么有礼、有理的解释，那桌客人自然也就算了。而且他们从此成了饭店的常客。

服务工作中，客户的异议处理也是重要工作内容。作为一名优秀服务人员，必须有良好的应变应对能力，才能专业地消除异议、提高客户满意度，从而做好服务工作。

既然服务工作就是和形形色色的客户打交道，那么难免会有这样或那样的原因使客户不满，如果处理不当还会由此产生冲突。尽管这类现象是偶然的、个别的，但却往往给双方带来不快，甚至有损单位的社会声誉。

正因为如此，这类现象一旦发生，当事人和当事单位都应高度重视，规范、高效地处理。异议处理得如何，关系到客户的满意度和单位的形象及社会信誉。

首先正确看待异议

异议，就是客户在享受服务的过程中或过程后产生的疑问、不满、抱怨的行为。服务过程中谁都有可能出现一些小的失误或疏忽，从而导致客户异议，而单位或个人也正是在不断地满足和解决客户异议的同时得到学习和成长的机会，不断提升服务单位和服务岗位工作人员自身的服务水准。

如果没有客户的异议，往往缺乏有效改进自己工作的机会和动力，永远在黑暗中漫无目的地摸索。异议不仅是本单位了解客户意见的线索，也代表着珍贵的“合作信号”和提升自身竞争力的良方。

也许这种学习的机会有些强迫性，但效果明显：在处理异议的过程中直接锻炼了服务人员对待问题处理的能力；锻炼了服务人员的耐心；培养了服务人员和客户的沟通能力；也让服务人员从根本上意识到服务的重要性和感知到客户的确切需要。从而会给服务人员留下很深的印象，既而可以避免再次引起客户异议。而对于某些问题，服务单位能借此相对应的改进，就可以从根本上提高综合服务质量了。

这句话没错：会挑剔的客户，才是带来财源的客户。

所以，有长远、战略眼光的单位，无不带着感谢、感恩的空杯心态来看待、处理客户的异议。

但凡积极、上进，自我要求较高的工作人员，当然会理性、积极地看待、处理客户异议。

正确看待异议还包括勇于承担责任。不管是哪个部门、哪位同事“闯的祸”，只要客户向你抱怨、投诉，绝对不能推诿、不理不睬。要做的就是积极倾听和快速、有效处理，马上解决。

怎样防止客户异议

鉴于异议在表面上看来有一定的对抗性、负面性，所以无论是企业也好，还是行政机关、事业单位也罢，都不希望有客户异议的产生。既然如此，防患于未然才是上策。

除因为产品质量不好而让客户产生异议之外，服务人员自身服务工作的不规范也是引起客户异议的重要原因。下面就从自身服务的角度来介绍怎样防止客户异议的产生。

做好准备

在正式接待之前，服务单位、服务人员为保证服务工作的顺利进行，往往要提前做一些准备或安排，这些即为岗前准备。俗话说“有备无患”，充分的岗前准备工作会让客户服务有条不紊，能有效避免因为准备不充分而带来的不便，也能在出现意外时及时有效地解决。

（1）充分休息

服务人员在工作岗位中应该保持充沛体力和旺盛精力，所以充分的休息是自身准备的基础。有充沛精力才会有饱满的热情投入到工作中。而无精打采、有气无力、疲惫不堪的表现，不仅容易从主观上产生失误而让客户不满，这种状态本身也会让客户感到不快。尤其在客户本身心情不好的情况下就很容易因为一些小事动怒。如果热情积极、笑容可掬，这种积极情绪同样会影响客户，同时也让异议产生的概率小很多。

为了不影响服务工作的正常进行，服务人员不但要遵守本单位规定的作息时间，每天按时上班，而且通常应当提前到岗，以便做好正式上班的准备工作。

（2）严格遵守服务规范

在服务行业，各单位往往都有其工作特点和相应的服务规范，这些规范是经过长期实践、总结出来的，必然有其科学性。以其作为工作指导，必将有效促进服务工作的开展。有些服务人员为一时“省事”而擅做主张，不守规范。这样不仅容易导致客户的异议、不满，更有甚者会带来工作上的重大差错。

某珠宝公司小李接待了一位“豪爽”客户。他在简单看了几款首饰后，就表示要买两款价值不菲的首饰：一款是一万五千元，一款是两万五千元。

小李在高高兴兴地为客户办交款手续、开发票的时候，客户提出特殊要求：把两万五的首饰开成一万五的发票，把一万五的首饰开成两万五的发票，说这样送人方便。并且还说：这样也不用多交税，就帮帮忙吧。你的服务很好，我常来光顾就是了。

小李虽然知道这样违反公司规定，但一想到有不小的提成，还是按照客户要求开了发票。

三天后，一位女士拿着那张两万五的发票和那款一万五的首饰来找小李要求退货。即使小李再解释，甚至主管经理出面了，也没办法，只好按票面金额给退款，小李不但没拿到提成，反而连半年奖金也泡汤了。

（3）环境的准备

环境准备，是服务人员按照惯例应当进行的岗前准备之中的重要环节。缺少了这一必要环节，或者对其重视不够，服务质量将会大打折扣。清洁卫生便利的环境会让客户感到轻松愉快与舒适放心，能给客户留下良好印象，从而有效排除客户不满情绪的产生。

服务人员岗前环境准备，分为搞好清洁卫生和方便客户行为两个方面。

搞好清洁卫生。干净整洁的环境是塑造舒适服务环境的基础。搞好清洁卫生，是每一位服务人员必做的。服务环境的卫生，需要考虑到服务区和周边卫生两个方面。服务区内做到地面清洁、玻璃明亮、四壁无尘、空气清新，还包括相关桌椅的清洁卫生。

在适当的地方应该有相关卫生标语的提示，如禁止吸烟、禁止随地吐痰等。同时也要及时清理烟灰缸、垃圾桶等卫生用品。对于服务区外卫生则做到地上无垃圾、墙上无涂画、水面无杂物、草坪无污迹等。

方便客户行为。一切环境的准备都应该考虑到如何方便客户，为客户提供便利是服务工作的重要部分。为此，格局的布置、桌椅的摆放和必要的提示标语或标签等都需要以方便客户为原则，在服务工作开始之前做好准备。如在窗口服务的服务区内，公用笔、印泥、老花镜、糖果、必要单据及标准填写示范和废纸篓等都应该摆放在客户顺手的位置。

不仅如此，有条件的机构，还应为客户提供一些必要的便民设施。例如，用以休息的座椅、用以止渴的饮水机及一次性水杯、放在等候区的精致小糖果、点心等。经常对便民设施进行必要的维护、补充、更新，不能光做摆设。

端正态度

端正服务态度，在服务过程中克己敬人，律己从严，在接待客户的时候热情服务、礼貌服务、耐心服务、周到服务，可以避免异议的产生。

（1）热情服务

在工作岗位上，服务人员一定要有高度的服务热情，并且使之适当地表现出来。要热情服务，就要积极接待客户。在服务行业内，有句行话叫“接一顾二招呼三”。也就是说当客户很多，服务人员应接不暇的时候，要尽量照顾周围的客户。接待头位客户时，口头上去照顾第二位客户，同时以自己的眼神去招呼第三位及后面的客户。这种热情服务的方式，会很容易消除客户被冷落、被疏远的感觉。

热情服务，还要注意对客户倍加尊重。不管任何行业，在接待客户的时候都要做到“四个一样”：办事、不办事一样，熟悉、陌生一样，本地、外地一样，国内、国外一样等。

（2）礼貌服务

服务人员要做好礼貌服务，最重要的就是对客户进行规范服务，时时处处以礼相待。

一方面，进行礼貌服务，就要对所有的客户一视同仁，真正做到平等相待。每位服务人员在这一方面都要自觉地做到“六不”，即在接待客户的时候，不以性别取人，不以年龄取人，不以打扮取人，不以职业取人，不以地域取人，不以态度表现取人。

另一方面，礼貌服务还要求服务人员严守服务纪律，拒绝不良表现。下面是常见的“岗位八忌”：

一忌迟到早退；

二忌擅自离岗串岗；

三忌私人关系约会；

四忌对客户不理不睬；

五忌和客户顶撞吵架；

六忌吸烟、吃喝、干私事；

七忌闲聊、打闹、高声喧哗；

八忌看闲书、报刊、电视，玩手机、玩游戏。

（3）耐心服务

要求服务人员在接待客户时，表现得不急不躁，始终如一地待之以热情与礼貌。具体来讲，在接待客户时要做到耐心服务，主要是要做到有问必答、百问不厌、百挑不烦。

要真正做到耐心服务，还要求服务人员在面对过分挑剔、胡搅蛮缠、提出无理要求的客户时，保持应有的风度，注意应对技巧。具体要注意下面三条：

一要保持冷静。越是面对你认为素质低下的客户，越是要注意态度，保持冷静和克制。在接待这类客户，既要坚持优质服务，不为生气而降低自己的服务质量；又要在原则问题上加以坚持，不要为了息事宁人，而没有原则地迁就对方。服务人员的这种表现，实际上是对对方无理要求的最好回答。

二要理直气和。服务工作是为求和求财而非求气。遇上客户出言不逊，服务人员仍须心平气静，礼让三分，保持平和的心态。在服务岗位上，必须牢记得理之时须让人，不必因理直而气粗。胸怀宽广，善于说明道理，以理服人。

三要以静制动。服务人员和客户一旦发生异议，或者极个别的客户无理取闹，当事的服务人员本人尽量不要和客户针锋相对，而要一如既往地对其以礼相待。其他服务人员可以从旁调停、劝解，但是不要围观、起哄。对客户群起而攻之，怎么讲都没有道理。

异议处理准则和误区

问题发生了，就要赶紧处理，将事情尽快平息，尽可能让客户满意。

异议处理准则

作为企业来讲，首先你要爱客户，客户最终才会爱你。这种理念具体表现在异议处理上有三方面。

（1）客户永远是对的

这是服务礼仪的一项基本规则。树立了“客户永远都是对的”这一观念，就会以平和的心态来处理客户的问题，就会认识到有抱怨和不满的客户是仍对企业有期望的客户，应该对客户的抱怨行为给予肯定和感谢，并尽可能地满足客户的合理要求。这样说并不是要对客户的一切所作所为都直接肯定，而是意味着作为客户有权利对服务人员严格要求，有权利对服务提出批评、建议。

（2）如果客户错了，请参照第一条

这一条的表述看似在玩文字游戏。字面上理解这个理念很容易，但要让服务工作者认同并转化成行动则需要过程。

客户是企业的衣食父母。即使是行政机关、事业单位的窗口服务岗位，所谓“为人民服务”，服务的就是人民群众。在服务当中出现的问题，不会是大是大非问题。所以服务人员应大度、理性一些，即使客户不对也没必要与之计较。我们只管提供专业的服务就好，况且客户一时的冲动并不一定针对你，他可能在其他地方受委屈，你只是触到了燃点而已。

这就要求：即使客户有误解，也决不能和客户争辩。争辩只会使客户更加情绪化，使事情变得更加复杂甚至恶化，最终只能是赢得争辩却失去客户。

（3）创造一种感动

有效处理异议的过程就是创造感动的过程。在处理异议中，让客户感动、获得意外之喜，是最有效的处理方式。

比如刚买的电器出了问题无法使用。电话通知客服后，他们马上就派技术员过来检修，技术员进门的时候还自己带了一个鞋套。

经检测后发现这是客户个人操作的问题。快速的检修、恢复正常之后，技术员耐心地告诉客户正确的使用方法、注意事项，然后礼貌地告辞。过一会儿，客服人员又打来电话，询问对技术员的服务是否满意，还有没其他问题。

这样的服务，提供的已不是解决电器问题本身了。不能使用电器的不快，当然一扫而光。

异议处理误区

每位服务人员都希望遇到心平气和、以和为贵的客户，但事实并非如此。有些服务人员遇到一些刁难客户，不懂得怎样处理，甚至不会容忍客户，不本着帮助客户解决问题的态度去面对客户，而是以牙还牙，从而破坏了单位和客户之间的关系。这里很大一部分原因来自于服务人员对待异议存在误区。

误区一：如果客户没有投诉就说明我们的工作做得很好。

据研究表明，100 个不满意的客户只有 4 个会投诉。其他客户为什么不投诉呢？因为投诉会无形中增加客户的成本（无论是时间还是精力），而投诉的问题还不一定能够获得有效解决，所以不是每位不满的客户都愿意这么做。但作为服务人员心里要明白，在没有客户投诉的时候并不意味着工作就真的做得完美了。

误区二：失去一位客户无伤大局

有些企业，特别是“有一定实力”的企业部分工作人员往往喜欢这么想。但要知道：不满意的客户可能会把他的不满意至少告诉

5个人以上，这样核辐射式的循环，一个企业有多少客户经得起这样的流失呢?

误区三：我们总是有新客户来

对于任何服务行业，其客户群都受一定的制约或者相对来说都是有限的。“酒香不怕巷子深”对于现在竞争激烈的市场经济来说已经过时了。另外，吸引住一位新客户所花费的成本远高于留住一位老客户的。孰轻孰重非常明显。

误区四：即使平息了客户的异议，他们下次也不会来光顾了

客户的异议得到有效解决后，会比没有投诉的客户更有可能成为忠实客户、更愿意认可这个企业的信誉和担当，而且也会从侧面给旁观投诉解决过程的客户留下良好印象。

误区五：不是我的客户没必要搭理

很多客户在产生问题后，直接去找企业、找部门而不去找当初销售或者提供这个服务的个人。其实对于客户来说，让他们找到当初的具体接待人非常不现实也没必要。在他们看来，出现问题企业就应该承担责任，而不管谁接洽，他们要的是结果。

误区六：投诉的客户都是些无理取闹的人

虽然不排除有这样的人，但实际上很少有人这样。投诉是需要花费时间、精力甚至是金钱。而无理取闹或恶意中伤不仅要浪费时间，可能还会对自身的名誉造成影响、甚至要承担一定的后果，所以很少有人无理取闹。

我曾列出过下面一道简单的算术题，不少服务单位的主管看后表示出惊讶。

一个不满意客户，可能会把此事告诉10个以上的朋友，一个投诉客户背后至少有25个不满意的客户但并没有投诉。换句话说，一旦有一个投诉的客户，可能已有250位客户不满意了。

假设某个客户本来一周购买某产品消费100元，但后来因为销售人员服务出现问题致使该客户产生不满并不再购买该产品，不仅他自己不会再去消费，还会告诉他身边10个朋友不去消费，再因为一个投诉客户背后至少有25个不满意客户但其并未投诉的客户，导致还有25人不会来光顾该公司，那么一年52周这家公司就可能损失约130万元（100×52×10×25=1300000元）。（如图7-1所示）

可见，作为服务岗位人员只有随时随地、尽心竭力地提供规范、高效的服务，才可能获得尽可能多的客户满意、认可，才能使自己的企业逐渐获得更强的市场竞争力。

客户异议处理规范

在给客户服务时不可避免会有客户异议。对待不同的异议有不同的处理方法，这主要因当时的投诉环境、事件原因、客户特点等

图 7-1　投诉处理不好后果严重

有所不同。但总的来说，处理要遵守一些步骤和方法。

感谢异议

以真诚、友好的态度对待客户异议，千万不要把客户异议视为故意刁难。这是处理客户异议的前提。

对于客户来说，没有几个人闲着没事找事。而是确实遇到问题，觉得受到不公，才来找你。这不管对自己还是对单位，都是发现工作不足、补短板、促发展，提升服务品质的很好机会。

积极倾听

不管客户如何的气势汹汹、喋喋不休，有经验的服务人员都会以礼相待，先做个倾听者，让客户将不满的“牢骚”发泄出来，然后再做解释、安抚工作。这时候倾听是最基本的态度。对于正在气头上的客户，只有等他发泄完，才有可能听得进你说的话。

所以，这时候服务人员唯一要做的事就是“闭嘴”，耐心地倾听会平息客户的怒气。

在客户怒气未消的时候就发表意见，可能引起客户的反感和更大不满。而且一切解释语或安慰语都是多余的，如“你可能不明白”“你肯定弄错了”“你不要叫”“你平静一点”“这是不可能的”“你别激动”这类词，不但解决不了什么问题，甚至还会使客户火气上升。

倾听的三大原则就是：耐心、关心、别一开始就假设明白客户的意愿或问题。具体来说，包括以下四点内容。

（1）积极准备

客户来投诉的时候，要做好这些准备：找一个安静的地方，倒上两杯水，请客户坐下来。这样更方便客户先消消气、放松心情。处理异议的工作人员的坐姿应保持略微前倾，这是表示谦虚倾听的姿势。带上笔和记事本。

（2）正确理解

要检验你所听到的、理解的，和客户所要求的一致，要注意下面几点：不清楚的地方立即询问清楚。以具体的、量化的方式，向客户确认谈话的内容。等客户把话说完之后，再提意见或疑问。

（3）善用身体语言

善用自己的身体语言，并了解客户目前的情绪。在倾听的时候，要用专注的眼神及间歇的点头来表示自己正在仔细倾听，让客户觉得他的意见受到重视。同时也可以让服务人员观察对方在诉说事情时的各种情绪和态度，以决定接下来的应对方式。

（4）确认问题

倾听事情发生的细节，确认问题所在。倾听不仅只是一种动作，还必须认真了解事情的每一个细节，然后确认问题的症结所在，并把问题的重点记录下来。如果对于抱怨的内容还不是十分了解，可以在客户将事情说完之后再请教。才能对症下药，疏心散结。

在确认过程中，不能让客户产生被质问的感觉，而应以委婉的方式请对方提供情况，比如："很抱歉，有一个地方我还不是很了解，是不是可以再向您请教有关……的问题。”并且在对方说明时，随时以“好的，我明白了”“嗯”“说得是”来表示对问题的了解状况。

诚恳道歉

听完客户抱怨之后，不管抱怨是否合理，要立即向客户诚恳致歉，以平息客户的不满情绪。但千万不要为了平息客户的怒气，而随便向客户承诺，以免做不到时引起更大不满。

要对事件原因进行认真的分析、判断。不排除有些客户比较敏感，喜欢小题大做，遇到这种情况千万不要直接地指出客户错误，而是应该婉转、耐心地解释，以取得客户的谅解。如果真的是客户错了，也不能责备他，相反要概括地说明问题，说明这是个误会，或者把责任归于自己的解释不清。这时可以用同理心的方式来委婉地说出，以维护对方的自尊心，没有必要把内疚或不满留给客户。基本句式是“首先感谢您说的这个问题，您的这个想法，一点也不奇怪。其实……”，在“其实”之后说出情况。

转移问题

客户异议的出现，处理技巧上不仅要倾听，表达歉意，在解决、落实的具体问题之前还有一个重要环节，就是转移问题。

转移问题是为先处理心情，再处理事情。让客户有一个冷静、平静、缓和的心情，是处理好异议的前提。也就是说，转移问题并不是推卸责任或不重视客户问题，而是通过沟通处理来转移客户为某一争论不休的细节，淡化客户的“痛处”，给客户降火。

面对怒气冲冲的客户，如果不“降火处理”，没有转移问题，即使直接地、痛快地答应客户的要求，在客户看来你只是很“财大气粗”，不屑于听他的问题或想法，给客户的印象仍然是你不在意他这个客户、不重视他的意见，他是否支持你的产品、你的企业，你都无所谓。这是非常糟糕的。这样一来，表面上看问题似乎解决了，但客户的心理平衡没有得到解决，客户仍然不是满意的。

请客户到舒适安静的环境中先用茶；创造一个缓和的气氛，避免和客户争执；对客户语言安慰、表达关心和同情；给客户赠送小礼品；避免继续纠缠于不可能解决的、客户提出的细节问题，而是转移到客户同样在意的其他方面，等等，都是具体的转移问题体现。

解决问题

异议处理的核心还是解决问题。一切不以解决问题为目的的处理，都是浪费客户的时间。

我们要按照单位的规定，在自己的职权之内并站在客户的立场，尽量满足客户要求。与客户达成共识后，必须迅速采取补救行动，不拖延。否则，客户的抱怨不仅无法消除，反而会加重，甚至又产生新的不满。

最忌讳一问三不知甚至躲而不见。这种方式不仅于事无补，更可能小事变大事，大事变得不可收拾。2011 年 7 月初爆出的某家具品牌以大量的天价国产家具冒充进口，甚至以三聚氰胺板替代实木。中央电视台曝光后，旗下店面居然都对消费者避而不见。这样的处理方式无疑激起了消费者更大的不满，对该危机起到了雪上加霜的作用。

其实，前来投诉的客户，除了要解决问题，还希望得到一种心理平衡。所以有时可以采用“补偿性关照”的技巧来巧妙满足客户的要求。比如，客户对饭店的环境表示不满，在结账的时候要求免费，按照规定肯定是不可能的。但是服务人员就可以通过只要他们下次再次光临的话，一律给以八折优惠。这个方式虽然不能直接满足客户的需求，但平衡了客户的心理，同样可以平息客户的不满。

提供可替代的服务。如果服务人员不能按照客户的要求去做，可以告诉客户你可能做到的、最接近他需求的事情是什么，向他提供至少两种可供选择的替代方案。

如果提出解决方案后，客户仍不满意，可以问他的意见，看看到底需要什么样的服务或补偿才能够平息此事，尽最大的努力来满足客户的需求。当然，如果客户提出的意见超出公司的规定或是服务人员权限范围，那么就要先请示领导再定夺。特别是一些“无理”的或是难以达到的要求，作为服务人员绝不能轻易开口，否则就是对其他客户的不公平，以后的服务工作也会难以开展。

兑现服务承诺

协商、确定好异议的解决办法之后，就要兑现承诺。不兑现服务承诺，就会给客户留下这样的印象：

言而无信；

你并不在乎他；

客户无法信任你；

你们单位不想和他有业务交往；

你们单位不讲社会道德、没有责任感……

记住：一旦承诺给客户答复，就要抓紧时间办理。

同样要记住：你为客户所做的一切，都要有理有据、有条有序地告诉客户。

确定客户满意

可以在服务过程结束的同时，问客户一两个简单的问题，比如：“我们是不是已经解决您的顾虑了？”“有其他事情可以再为您服务吗？”几天后再打电话确定客户是否是真的觉得满意，也可以快递信件给客户，甚至随信附上优惠卡或礼券。这是异议处理模式的“善始善终”的做法。

总结和完善

异议的发生对单位来说绝对是利大于弊。既然有异议，说明工作还是有可以改进的空间，必须对相关问题进行总结、完善。

总结出一套客户异议处理规范。将常见的各种异议归类并给出简洁的处理流程、处理方式、沟通话术，以及各部门对相关事宜的责任。这样可以方便一线岗位的服务人员遇到相关事宜时，能迅速规范处理。高效处理中，客户看到的是工作人员及其单位认真、负责的态度，这本身也更利于异议的处理。

冲突处理原则

冲突是异议的升级版。任何单位都不希望和客户发生冲突。一旦发生冲突，有效制止事态的进一步恶化、缓和关系是第一要素。下面我们就从服务礼仪的角度，提供四个处理原则。

妥协原则

妥协的实质是自我利益的牺牲和退让。如不考虑他人的利益，退让和自我利益的牺牲都是不可能发生的，这就要求服务人员要有一定的道德修养和心理素质，必须学会适当放弃个人的某些要求，而不是去压制他人的要求。由于妥协能较大幅度地降低对方心理的挫折感，有利于缓和紧张状态，所以是避免冲突扩大化的基本原则之一。

妥协是为了更高目标而牺牲自己的一部分利益。换句话说，妥协是一种主动让步，而非被迫的退缩。妥协不是无原则的，应该在社会道德规范之内，有一定原则，并以不损害集体利益和基本利益为前提。

体谅原则

体谅的核心是善意的理解。服务工作中的冲突，相当一部分是出于双方的误解而造成。误解本身是一种错误的认识，只要给予客观的、善意的解释，误解就可以解除。然而现实中误解的解除并非这么简单，如果一个人发现他人对自己的看法是完全错误的，那么他就有辩解和澄清的必要，但并不是谁都愿意承认错误并乐于让他人来纠正的，这种“自我维护”的心理，往往在客户方面表现得更加明显。

这时就需要服务人员单方面的体谅，才可以表达出善意并有助于冲突的缓解。

隔离原则

隔离是阻止冲突双方进一步接触，以避免矛盾进一步恶化的一种原则性措施。

典型的冲突是面对面的冲突，如果隔离冲突的双方，就有可能因为彼此失去冲突对象，而得到平息，但是隔离对双方并不是等效的。例如，当一位客户与服务人员发生冲突时，其他服务员来劝解客户离开和劝解那位当事的服务人员离开，对平息冲突的效果是不同的，前者可能会进一步激怒客户，因为他认为其他服务人员是和他发生冲突者的同伙。另外，冲突中被拉劝的一方往往是主要的肇事者，并有态度恶劣非拉走不可之嫌疑。

出于这种心理，客户会极力反对这样的劝阻，并有把冲突进一步扩大到其他服务人员身上的可能。但是如果其他服务人员劝离自己的同伴，效果就不同了。因为他们彼此是同事，相互之间早有了解，并且这样做也往往更容易被围观的其他客户接受。当然，其他客户劝离这位处于冲突中的客户也具有同等效力的。

除这种公开的劝离方式以外，还可以采取隐蔽的劝离方式。例如，另外一位工作人员走到现场，告诉正在冲突的服务人员有他的电话，从而接替他的位置，被接替者这时候就应该顺坡下，顺势离开。但要注意替换时机，接替者应在了解事实经过的前提下尽早介入，如果冲突发展到不可收拾的地步再介入，则替换不仅起不到作用甚至干脆不可能完成替换。

控制原则

控制原则是通过主观或客观努力，积极地解决矛盾，制止或停止冲突的原则。

控制分为自身控制和外界控制两种，前者主要是当事人通过自己的主观努力，对情绪加以控制，促使自己做出退出冲突的表现。后者则是通过外部手段，如调解者、行政命令、舆论等直接干预制止冲突。无论是自身控制还是外界控制，都是对冲突行为的一种制止，所以都有强迫性。

当交往双方心理处于激烈的对立和互不相容的状态下，这时发泄各自内心的愤怒情绪是双方的共同要求。在这种情况下，单靠妥协、谅解不能解决问题，因为它们并不能改变双方的心理特征，必须借助人为力量来控制。最有效的控制是自我控制，在适当的时候再由第三者出面调解，或通过行政手段制止。

当服务人员和客户产生冲突，最基本的原则还是妥协退让，退一步海阔天空，避免和客户发生正面冲突、使矛盾升级，以最大可能、最快速度平息事端，挽回影响。

客户服务综合征

身为市场部经理的李胜工作堆积如山，从早9点到晚9点，一天都忙个没完，有时候连吃午饭的时间都没有。公司的制度严格，考核标准近乎苛刻，上司的压力又大，整个人好像陀螺一样不停地转。更何况，这个职位有那么多人在虎视眈眈，稍有差错的话饭碗就没了，所以他脑袋里的那根弦始终绷得很紧。长期下来，造成了他的身体虚弱，总觉得提不起精神，而且总是失眠。医生诊断后说是神经衰弱症。

其实李胜的状态，现在很多人都有。这就是心理压力长期过剩所致，也是如今大家所说的客户服务综合征。

客服综合征

随着社会竞争的加剧，服务行业的工作人员也是“压力山大”，因为压力而导致客户服务综合征的人员也越来越多。

客户服务综合征的个人症状：

（1）睡眠不好，体重减轻；

（2）不能集中精力专心做事；

（3）经常感冒，并且不容易治好。

（4）稍微做一点事就马上感到很疲劳；

（5）经常喉痛，口腔内有破裂或溃烂情形发生；

（6）有腹部发胀、痛感，而且常拉肚子、便秘；

（7）面对自己喜欢吃的东西，一点食欲也没有；

（8）手掌和腋下常出冷汗，常有手脚发冷的情形；

（9）肩膀经常会坚硬痒痛，背部和腰部经常疼痛；

（10）一天不喝茶或酒、不抽烟就感到浑身不自在；

（11）总是看不惯身边的人或事情，老是觉得一切都不如意；

（12）稍有一点不顺心就动怒，还常有烦躁不安的情形发生；

（13）对以前感兴趣的事情也提不起精神了，觉得没什么开心的事；

（14）有头痛感或头脑不清醒的昏沉感，有头晕眼花耳鸣情况发生；

（15）有时候有心脏悸动现象，突然出现呼吸困难、憋闷窒息的感觉……

客户服务综合征的综合表现就是：注意力下降、忍耐力下降、对快乐感到怀疑、抱怨，服用“兴奋剂”（茶、烟、酒等）。对照以上 15 个症状，看看自己有多少，如果有 5 个以上就说明你可能患有客户服务综合征，正在承受过大的工作压力，需要采取适当方法解压。

对身体的影响

客户服务综合征的负面影响，绝不仅仅是简单的身心疲倦。

（1）攻击

这种行为往往会直接指向引起心理障碍的外在原因、对象进行宣泄。往往会对造成心理挫折的因素表示不满、敌意、对抗和反对，或是把内心的不满朝着其他方面发泄出来，或者指桑骂槐。

（2）忧郁

忧郁是由多方面的不良感受组成的一种心理压抑的情绪。如自卑感、认同危机感、失落感、孤独感、负罪感、自责感、失望感等。这些方面的不良感受往往会使人表现出抑郁寡欢、疾首蹙额等神情，以及产生伤感、烦闷和愁苦的心态。

（3）焦虑

焦虑是指人内心的不安、恐惧、困扰和紧张的感受，有时还伴有生理上的不适，如心跳加速、肌肉紧张、呼吸急促、胸闷、淌汗、恶心、不思饮食、注意力涣散、尿频、失眠等现象。

客户服务综合征可能引发的这些不良情绪反应说明，如果服务人员在日常工作中客户服务综合征过重，又不能及时消除，就会对正常工作、生活和适应力造成不良的影响。

客户服务综合征产生时，不作调适和疏导就会产生不良反应。所以，如果感到烦躁、郁闷、紧张的时候，采取一定方法疏导非常有必要。

综合征疗法

毫无疑问，患有客户服务综合征，也会把这些情绪带到服务工作中去，引发客户不满的恶性循环。应及时治疗，这不仅有利于自己的身心健康，更有利于服务工作。

（1）运动

做一些有一定强度的运动，如游泳、跑步，打球。在运动中，工作中的所有事情都会忘到脑后，这时紧张的身体肌肉，会使神经充分放松。如果不适合做有强度的运动，像养花种草、打太极拳、散步，以及唱歌、听音乐、看电视等，也是不错的方式。

（2）关心自己

不要怪自己不好，人无完人。不要怪他人不好，多换位思考。也不要抱怨、埋怨自己的境况，而是关心自己的需求，为自己服务。

当你和他人一起工作，哪些事情能使你感到愉悦？这些事情既不影响自己的工作，也不影响周围的人工作。

工作之余，你能做些什么使自己感到高兴的事情？这些事情最好既不超过三分钟就能做到，也可以不用花钱就能做到。

拥抱大树是不错的选择。拥抱大树可以释放体内的快乐激素，让人精神爽朗。而和快乐激素对立的肾上腺素，就会消失。

勤洗头也是非常好的方法，心理学研究的最新成果发现，洗头频率越高的人，在同龄人中越容易获得成功。天天洗头可以有效缓解综合征，有利于心理健康，更容易看到自身的优点，并且更加自尊和自信。

改变常走的道路。每天走同一条路上下班的人，不妨改变一下路线，欣赏周边环境，产生新的刺激，心情自然就会变得舒畅。

（3）制定可行的工作目标

目标会有助于欣赏自己的劳动成果，开启你的创造力。

对服务人员来说，制定目标要比生产和销售人员难多了，因为服务工作往往不容易量化。但是无论对于什么工作，制定可以衡量的目标都会有助于防止厌倦情绪。制定目标的时候避免当超人的欲望，要正确评价自己，了解哪些事可以稳操胜券，然后把主要精力放在这些事上，这样就容易获得最大的自我满足和成就感。

懂得适当放慢工作速度，合理地安排作息时间。工作中的高速运转，紊乱的作息时间，只会使神经高度紧绷，生物钟失灵，从生理上感到压力。

学会欣赏自己。自卑、怯弱和依赖是一部分人特别是女性的心理特征，是走向成功的重要心理障碍。特别要学会“欣赏自己”，肯定自己的进步，不妄自菲薄，树立“别人能做到的我也能做到”的勇气和信心，信心胜于黄金。自信心是人生重要的精神支柱，也是人们行为的内在动力，只有自信，才能自强不息，克服自卑怯弱的心理障碍。试想：连自己都不相信自己，还有谁会相信你呢？

（4）说出来

一旦学会如何说、说什么，选择什么时机说，那它就会变成有用的技巧，带来很大好处。但“说”是有尺度的，应避免到处乱讲的诱惑。想一想，如果有人总是一遍遍地对你抱怨他人或工作，给你的感觉必然是要么别有用心，要么脑子里缺根弦，而且对他来说问题永远也解决不了。

也可以选择工作之余和朋友到空旷的地方（最好越宽阔越好，如山上、海边，以免人多的地方，心境放不开而喊不出来），用呐喊发出声音来发泄内心的压抑和不满，更能有效释放心理压力，缓解焦虑。

小提示大道理

表达出同理心是处理客户异议的重要技巧。它是有效减少服务人员和客户的敌对情绪、改善彼此关系、增加互信的法宝。

第八课

了解国际礼仪

THE
EIGHTH LESSON

他山之石

一对外国贵宾夫妇乘火车旅游。上车前，他们特别要求翻译向列车长说明他们的宗教信仰。

午餐时间，一位列车员笑容可掬地给他们送来了午餐。她右手拿着托盘，左手将餐具、午餐一一礼貌地递到他们面前。这时候，这对外国夫妇突然脸色大变，先生猛地站起来，把桌布一掀，桌上的食物全都摔到了地上，并用本民族语言大声说着什么。他的表情看上去非常愤怒，而夫人则捂着脸“呜呜”地哭了。列车员一脸茫然，不知所措。

原来全是左手惹的祸。在他们这种特殊的宗教信仰的民族看来，左手是不洁的，绝对不可以用来端送食物；否则，便是莫大的污辱！而刚才列车员就是一直用左手递送食物……

虽然列车长赶来后，总算平息了这场风波，但在这对夫妇心里，这次旅行无疑是不愉快的。

作为一名合格的服务人员，特别是有机会接触不同国家的客户，就应注意各国不同文化的差异带来的不同习俗。只有适当了解，才能更好地做好服务工作。

现在，无论哪个行业，涉外服务越来越普遍。只有对常见交往国的礼仪和禁忌有一定了解，才可以避免不必要的误解，从而促进沟通、提升服务品质。下面，我们将从生活礼仪和餐饮礼仪两方面对每个国家进行介绍。

日本礼仪与禁忌

生活礼仪

樱花是日本的国花，日本人对樱花无比厚爱。而对荷花非常反感，荷花在日本用于丧葬活动。探望病人时送山茶花、仙客来花、白色的花和淡黄色的花，也是不受欢迎的。对金色的猫以及狐狸和獾极为反感，认为它们是“晦气”“贪婪”和“狡诈”的化身。

日本人大都喜爱白色和黄色，讨厌绿色和紫色。认为紫色是悲伤的色调；认为绿色是不祥之色。

数字上非常禁忌“4”和“9”。“4”在日文里发音与“死”相似，而“9”的发音则和“苦”相近。

当三人并排合影时，不愿意站在中间，认为被人夹着是不祥之兆。

日本人很爱给人送小礼物，但下列物品不要送：梳子、圆珠笔、

T恤衫、火柴、广告帽。包装礼品时，不要扎蝴蝶结。

在日本，给他人敬烟是不礼貌的。

日本人认为，两人相对时注视对方双眼很失礼。所以通常只会看着对方双肩或脖子。

餐饮礼仪

日本人的饮食文化自成一体，不同的季节，饮食的口味往往各有不同的侧重。和食的烹饪方法主要有蒸、烧、煮、炸、生等五种。以大米为主，多用海鲜、蔬菜，讲究清淡与味鲜，禁忌油腻。典型的和食有：寿司、拉面、刺身、天妇罗、铁板烧、煮物、蒸物、酢物、酱汤等。另外，还有饭团和盒饭。尤以刺身，即生食鱼片最有名。

日本人的饮食禁忌不是很多，主要是不吃肥猪肉和动物内脏。

日本人爱喝酒，包括日本清酒、西洋酒和中国酒。斟酒讲究满杯，多喝几杯甚至喝得大醉也觉得没什么。

日本人用筷子非常讲究，有“八忌”：

一忌迷筷，即手拿筷子在桌子上游走，却不去夹菜；

二忌移筷，即动了一个菜不夹菜，又去动另一个菜；

三忌插筷，即用筷子插入菜中。非但如此，就是用筷子插入饭中也不好；

四忌掏筷，即用筷子从菜中间掏着吃；

五忌扭筷，即转动筷子；

六忌舔筷子，即用舌头舔筷；

七忌跨筷，即把筷子横放在碗盘上，这表示用餐完毕；

八忌剔筷，即筷子代牙签使用。

日本人宴客的时候，大都忌讳将饭盛得过满，并且不允许一勺盛一碗饭。

日本人普遍爱好喝茶。久而久之，形成了讲究“和、敬、清、寂”四规的茶道。茶道具有参禅的意味，重心在于陶冶情趣。它不仅要求幽雅自然的环境，而且还有一整套的点茶、泡茶、献茶、饮茶的具体方法。

韩国礼仪与禁忌

生活礼仪

木槿花是韩国国花，象征着国民历尽磨难而矢志弥坚的民族性格。以松树为国树，以喜鹊为国鸟，以老虎为国兽。韩国人大都珍爱白色，崇拜熊和虎。

由于发音和“死”相同的缘故，韩国人对数字“4”十分厌恶。和韩国人交谈，发音和“死”相似的“私”“师”“事”等几个词最好不要使用。受西方习俗影响，也有不少韩国人不喜欢“13”这个数。

把“李”这个姓氏按汉字笔画称为“十八子”，也不合适。在妇女面前，尤其不要这么说。

需要对其国家或民族称呼时，不要将其称为“南朝鲜”“南韩”或“朝鲜人”，而宜分别称为“韩国”或“韩国人”。不宜谈论的话题有：政治腐败、经济危机、意识形态、南北分裂、韩美关系、韩日关系、日本长处等。

韩国人强调“身土不二”，反对崇洋媚外，倡导使用国货。

韩国人馈赠礼品时，大都选择鲜花、酒类或工艺品。但是不宜送日本货，特别是不要特意指出这一点。接受礼品时，韩国人不习惯于当场打开其外包装。

在韩国民间，仍讲究“男尊女卑”。进入房间时，女士不可走在男人前面。男女一起就座，女士应该主动坐在下座，并且不得坐得高于男士。通常女士还不得在男士面前高声谈笑，不得从男士身前通过。

韩国人和中国人一样，也有过春节、清明、端午、中秋等传统节日的习惯。

餐饮礼仪

韩国人的饮食，一般以辣和酸为主要特点。具体而言，韩国人的主食，主要是米饭、冷面。他们爱吃的菜肴，主要有泡菜、烤牛肉、烧狗肉、人参鸡等。不过就总体来说，韩国的菜的品种并不太多，而且其中的绝大多数都比较清淡。有的韩国人，甚至爱吃冷菜、生菜。一般都不吃过腻、过油、过甜的东西，并且不吃鸭肉、羊肉和肥猪肉。

韩国的男士通常酒量都不错，对烧酒、清酒、啤酒往往来者不拒。韩国女士则不多饮酒。平时韩国人喝的较多的则是茶和咖啡。他们通常不喝稀粥，并且不喜欢喝清汤。

新加坡礼仪与禁忌

生活礼仪

新加坡的国花是胡姬花。对自己的国花，新加坡无比酷爱。

色彩方面，绝大多数的新加坡人都非常喜欢红色。在一般情况下，黑色、紫色不为新加坡人所欢迎。在他们的意识里，黑色、紫色代表着不吉利。

数字方面，新加坡人对“4”与“7”这两个数字的看法不太好，汉语“4”的发音与“死”相仿，而“7”则被视为一个消极的数。新加坡华人认为“3”表示“升”，“6”表示“顺”，“8”表示“发”，“9”则表示“久”，都是吉祥的数字。

日常生活里，新加坡人对传统民俗很讲究，吉祥字、吉祥画在他们周围随处可见。喜爱的吉祥字有“囍”“福”“吉”“鱼”等。最受他们欢迎的吉祥画，有表示“平安”的“苹果”，表示“和平”的“荷花”，表示“力量”的“竹子”，表示“幸运”的“蝙蝠”等。

受华人传统文化的影响，对蓬头垢面、衣冠不整、胡子拉碴的人，大都会侧目而视。和新加坡人交谈，不仅不能口吐脏字，而且还要多用谦、敬语。与此同时，对于话题的选择务须注意。最受新加坡人青睐的话题，主要是运动、旅游、传统文化及有关经济建设方面的成就。对于新加坡国内政治、宗教、民族问题，执政党的方针、政策，以及新加坡和邻国的关系问题，最好不要涉及。

新加坡人讲究社会公德。政府通过采用“法”和“罚”两大法宝，促使人们提高社会公德意识。例如，不准嚼口香糖，过马路时不能闯红灯，用完洗手间之后必须冲洗，公共场合不准吸烟、吐痰和随地乱扔废弃物品。否则必受处罚，交纳高额罚金，甚至被鞭打、吃官司。

餐饮礼仪

由于新加坡华人居多，而这部分人绝大多数又祖籍为广东、福建、海南和上海等地，所以饮食习惯和我们大同小异。中餐是最佳选择，口味上喜欢清淡，偏爱甜味，讲究营养，爱吃米饭和各种生猛海鲜，不太喜欢面食。粤菜、闽菜和上海菜，都受欢迎。在设宴款待新加坡人的时候，务必在安排菜单方面要注意因民族而异。

新加坡华人，大都喜欢喝茶。每逢春节，新加坡人还做“元宝茶”（清茶里加入橄榄），以示“财运亨通”。平时，新加坡华人还经常饮用加入一定配方的中药后制成的补酒，如鹿茸酒、人参酒等。

泰国礼仪与禁忌

生活礼仪

睡莲是国花，桂树是国树，白象则是国兽。泰国人不太喜欢茉莉花，泰语里茉莉花发音和“伤心”差不多。

泰国人非常喜爱红色和黄色，并且对蓝色颇有好感。在他们看来，蓝色象征着“永恒”和“安定”。对于褐色，泰国人比较忌讳。还忌讳用红色的笔签字，或用红色刻字，他们视之为死人所受的待遇。

抚摸佛像，或是妇女接触僧侣也被禁止。

在泰国民间，狗的图案是被禁止的。

泰国人的举止禁忌很多。总的来说，他们有“重头轻脚”的讲究。泰国人的头部，尤其是孩子的头部，一般绝对不准触摸。拿着东西从泰国人头上通过，被视作一种侮辱。睡觉时忌讳“头朝西，脚向东”，因为在泰国只有停尸时才那么做。他们不准用脚指示方向，不准脚尖朝着他人，不准用脚踏门，或是踩踏门槛。在外人面前席地而坐时，不准盘足或是双腿叉开。跟泰国人接触时，千万不要动手拍打对方。用左手接触对方，讲话时以手指向对方指指点点，也是不允许的。

餐饮礼仪

泰国人喜食辛辣、鲜嫩的食物，不爱吃过咸或过甜的，也不吃红烧的菜肴。用餐的时候，喜欢往菜肴里加入辣酱、鱼露或味精。他们最爱吃具有民族特色的“咖喱饭”。用餐之后，往往喜欢吃一些水果。泰国人不吃海参，也不太爱吃香蕉。在泰国民间，人们用餐时多习惯于围绕着低矮的圆桌跪膝而坐，以右手抓食物，而认为“左手不洁”。

泰国人不喝热茶，他们喜欢在茶里加上冰块，使其成为冻茶。一般不喝开水，而惯于直接喝冷水。喝果汁的时候，还喜欢往里面加少许盐末。

印度尼西亚礼仪与禁忌

生活礼仪

国花是茉莉花。尽管没有约定俗成的“国兽”，但是实际有两种地位极高的动物。一个是蛇，另一个是虎。另外两种动物为人所厌恶，一是乌龟，被视为“春药”“污辱”和“性”的化身；另一个则是老鼠，认为给人们带来肮脏、瘟疫和灾难。

接受礼品的时候，不能当场打开外包装。

人的头部神圣不可冒犯，千万不要触摸他们的头部，特别是抚摸小孩的头部。印度尼西亚人看不惯当众拥抱亲吻。在印度尼西亚，就座的时候双腿最好平放，交叉是不能允许的。坐下来以后双脚千万不要跷起来，尤其是不要用鞋底或脚尖朝向他们。在外人面前，最好不要打哈欠；万一控制不住，需要先用右手捂住嘴。在印度尼西亚，人们有两种独特的做法要注意：一是伸出右手时，屈起其他手指而单独伸出拇指，表示的是“请你先走”；二是笑声往往被用来掩饰自己的困惑或震惊，而未必说明自己开心愉快。

餐饮礼仪

以大米为主食，副食则主要是牛肉、鸡肉、鸭肉、鱼肉和虾等。但绝对不吃海参、鱼肚之类食物。印度尼西亚穆斯林的饮食严守教规，他们不喝酒和一切含有酒精的饮料，不吃大肉、自死之物、动物的血，以及带骨、带汁的菜肴。除非极正式的宴请，平时用餐都喜欢用右手抓取食物，绝对不用左手抓。用餐过程中，有喝凉开水的习惯。

受当地华人的影响，绝大多数的印度尼西亚人很喜欢中餐。参加印度尼西亚人的宴请，有以下四点注意事项：一是主人宣布开宴之前，不要先“动手”；二是在用餐过程中，不宜说话过多；三是不要当着主人的面，对菜肴提出某些特殊要求；四是用餐完毕后，要在盘子里剩少许食物，以示吃饱。在印度尼西亚外出用餐时，切勿用勾动手指、捻响手指或是吹口哨的方式召唤侍者，可以举手示意。

马来西亚礼仪与禁忌

生活礼仪

马来西亚的国花是木槿，表示热爱祖国的烈火般的激情。马来西亚人特别注重社交上的衣冠整洁。重视饭前洗手，一般都愿意用水冲洗，不愿用湿毛巾干擦。

马来西亚人普遍喜爱绿色，视绿色为吉祥之色。

在马来西亚的首都吉隆坡，对乱扔纸屑杂物要处以重罚。

在穆斯林式的宴席上，千万不要用左手去触碰食物。按照主人的方式行事是万无一失的。穆斯林人不吃大肉，也不喝带酒精的饮料。印度教徒和某些佛教徒不吃牛肉。按传统习惯，马来西亚人和印度人用手取食，华裔则用筷子和汤匙。

送礼的习俗也随着华裔、马来西亚人和印度人各自不同的民族文化而有所不同。但无论受礼者属于哪个族群，用左手递送礼物或马上打开礼物来看都被认为是不礼貌的。

会宾宴客从不备用酒水，而是以茶或其他饮料来代酒干杯。

他们的头部、背部是被视为神圣不可侵犯的，不要触摸头部或拍打后背等。忌讳双腿分开坐和跷着“二郎腿”，认为这是极不文明的举止。忌讳左手递送东西或食物，认为左手是卑贱和不洁净的，使用左手是对人的极大不敬。不要和他们谈论猪、狗。忌讳乌龟，认为这是一种不吉祥的动物。

餐饮礼仪

马来西亚人食物一般以米饭、糕点、椰浆、咖喱为主，也爱吃花卷、豆沙包、炒面、什锦饭、锅烙、馄饨等食品。一般口味不喜太咸，爱香辣味道。马来西亚风味“沙爹”（即烤鸡肉或羊肉串），是宴席必备的佳肴。他们吃中餐的兴趣似乎还要比吃西餐更浓些，喜爱中国的粤菜、川菜。用餐一般都以手抓食，只有西式宴会才用匙和叉。定居在马来西亚的华人，吃饭一般都习惯使用筷子和勺子做餐具；马来西亚的印度人吃饭一般惯用手抓饭或用勺子取食。

马来西亚禁酒，喜欢红茶、咖啡以及一些软饮料，尤为爱喝椰子水。

马来西亚人不但禁吃大肉和狗肉，也不吃自死的动物肉和血，还忌讳使用猪制品。

菲律宾礼仪与禁忌

生活礼仪

茉莉花是菲律宾国花，在菲律宾人民心目中是纯洁、友谊、热情的象征。菲律宾人在迎接宾客的时候，往往把茉莉花串成美丽的花环，敬献给客人挂在脖子上，以示友谊的纯真。

菲律宾人打招呼时用抬眉头以示问候。当遇到不幸或不顺心的事情时，要是看到他们大笑，你不必生气，因为他们没有不好的意思。

菲律宾人自己的时间观念不很严格。家庭观念特别强烈，所以关于他们的家庭成员的话题往往很受欢迎。

菲律宾人很忌讳“13”。认为“13”是“凶神”，是厄运和灾难的象征，是令人极为厌恶的数字。视茶色和红色为不祥之色。忌讳左手传递东西或食物。认为左手是肮脏、下贱之手，用左手是对人的大不敬。一般都不愿谈论政治、宗教和本国状况以及腐化问题。

菲律宾人喜欢送礼，乐意收取礼物。

餐饮礼仪

邀请菲律宾人赴宴，一定要多次邀请，否则他们会认为这是客套，前两次都谢绝。

菲律宾由于受地理条件等因素的影响，饮食上大多数人以大米为主食，少部分人以玉米为主食。上层人士用餐惯使刀叉，农村人及穆斯林信徒惯用右手抓食。一般偏于清淡，味鲜。早餐爱吃西餐，午、晚餐爱吃中餐，但中上层人士爱吃西餐。就餐时，他们一般喜欢用香辣调味品，但不宜太辣。喜欢吃中国的川菜、苏菜。无论男女都喜欢喝啤酒。

喜欢吃各类水果，尤其偏爱甘蔗。菲律宾人在日常生活中嗜嚼槟榔。待客的时候总少不了以槟榔来招待。

伊斯兰教徒忌讳猪，禁食大肉和使用猪制品；也不喝牛奶和烈性酒。菲律宾人不爱吃生姜，也不喜欢吃兽类内脏和腥味大的东西，对整条鱼也不感兴趣。

印度礼仪与禁忌

生活礼仪

印度是世界三大宗教之——佛教的发源地。国花是莲花，国鸟是蓝孔雀，珍珠是国石。

牛被印度教教徒视为“圣兽”，敬牛、爱牛，不打牛、不杀牛、不使用牛皮制品，在印度已成为一种普遍的社会风气，而且也绝对不容非议。大象在印度被看作吉祥的动物。印度人一般不喜龟、鹤及其图案。

许多虔诚的印度教教徒，每年必须封斋一次，每次三天左右。在此期间，白天不可以进食。

见面时通常双手合十。双手合十的时候，不要同时点头。如果迎候嘉宾，往往敬献花环，并套挂在客人脖子上，表示由衷的欢迎，客人应马上取下来，以示谦虚。印度人在赞成或同意对方意见时的动作是既不是点头，也不是摇头，而是左右晃头。

在印度，当众吹口哨是失礼的。以左手接触他人，或摸他人的头，也是不允许的。忌用浴盆给孩子洗澡，认为是不吉利的。

印度人喜爱红色、蓝色、紫色、金黄色、绿色，忌讳白色，不喜欢黑色、灰色。忌讳弯月图案，忌讳送人百合花。荷花在印度受到很高的评价，不喜欢玫瑰花。

“1”“3”“7”三个数字被他们视为不吉利。和印度人交谈，不要主动涉及宗教和民族矛盾、印巴冲突、核武器、两性关系等。喜欢谈文化成就、印度传说、宗教、社会风俗、历史等话题。

餐饮礼仪

主食有人爱吃大米，有人爱吃面食。他们烹调的方式，主要有炒、煮、烩三种。喜欢在饭里加入各种各样的香料，尤其是爱加入辛辣类香料，如咖喱粉等。在饮食方面最大的特点，就是食素的人特别多，而且社会地位越高的人越忌荤食。

在印度，根据教规，印度教教徒和锡克教教徒不吃牛肉，伊斯兰教徒不吃大肉，佛教徒既忌杀生，又忌肉食。在一般情况之下，蛇肉、竹笋、蘑菇和木耳等，有许多印度人是不吃的，还有不少印度人甚至不吃鸡蛋。平时，印度人不太爱喝汤，也不怎么喜欢饮酒，锡克教徒绝对禁酒。喜欢喝白开水和红茶。喝茶的时候，他们往往将其斟进盘里，用舌头舔着喝。印度人用餐的时候，一般不用任何餐具，而习惯于用右手抓食。

以色列礼仪与禁忌

生活礼仪

以色列的国花是银莲花。

犹太教反对偶像崇拜，在犹太人及其所居住区域，不允许外人拍照、录像。在以色列，犹太人都会依照教规守安息日。按照犹太人计算日期的方法，所谓安息日指的是：自每个星期五日落开始，至次日日落前为止。这一天，主要是指通常所讲的每个星期六。守安息日的时候，犹太人不得从事任何劳动，不得接触金钱、火柴和机器，也不准进行体育比赛。

和以色列人闲聊时，不宜主动涉及的问题主要有：阿以矛盾、宗教信仰、男女关系以及历史上的排犹运动等。

餐饮礼仪

由世界各国移民所组成的以色列人的饮食习惯可以说是五光十色，异彩纷呈。但所有犹太人在饮食方面严守教规。犹太教教规规定：犹太人可以吃禽类和植物。鱼类不吃无鳍、无鳞的。而畜类只准吃羊肉和牛肉，忌食大肉，甚至忌讳提到“猪”这个词。在非犹太人和非穆斯林用餐的餐厅之中，需要点猪排这道菜时，只能称之为“白色的肉排”。

每逢每一年公历的 4 月 22~29 日，以色列人都要过“逾越节”，即犹太人的新年。在整个节日期间，以色列人的饮食具有极为浓厚的宗教色彩。过“逾越节”的时候，犹太人还讲究要吃无酵面饼和未加调料的菜。但是，味道发酸、发苦的食物，花生、核桃等外壳坚硬的果品，他们则一概不吃。而且，过“逾越节”时很讲究吃一些在他们看来是寓意吉祥的食物。象征“甜甜蜜蜜”的苹果蜜饯、“多福”的石榴、“多子”的鱼、“步步高升”的梯形食物、“安康和平”的鸟状食物，往往都是他们此刻餐桌上必不可缺的。

伊朗礼仪与禁忌

生活礼仪

玫瑰花是国花。此外，伊朗人还非常喜爱蔷薇花和郁金香。也非常喜欢金鱼和狮子。十分崇拜绿色、新月、宝剑这些具有伊斯兰教色彩之物。

在数字上，对“13”这个数字和西方人一样讳莫如深。

伊朗人有一个很特别的禁忌，即忌讳他人议论自家婴儿的眼睛，认为这意味着种种不幸。

伊朗人的点头或微笑，通常只意味着一种礼貌，而并不表示同意；毫无顾忌地大声谈笑，是不尊重他人的行为；伸出大拇指表示赞美的做法，在伊朗来看是污辱他人的意思；与人交谈要面对对方正面而坐，并把双手平放，如果双手交叉，不和交往对象相对而视，不但表示自己态度傲慢，而且还被视为是蓄意挑衅；不许和一个人交谈时背对着另外一人；左手不得用以取物、递接东西或接触他人。

受教规限制，伊朗妇女在一切公共场合都不许和男子共处在一起。不管是上学、购物，还是乘坐汽车、飞机或电梯。

中东政治，美伊关系，两伊战争，对逊尼派穆斯林的赞美，对西方尤其是对美国的称道，都是伊朗人反感的话题。

餐饮礼仪

在伊朗，不同地区的人们，饮食习惯往往大不相同。通常，农业地区的人以面饼之类的面食为主食，而游牧地区的人则惯于进食肉类和奶酪。伊朗的城里人，除喜食面饼之外，大都爱吃用肉、菜、调料、米饭调配在一起做成的手抓饭。在用餐时，他们仅备有盘子和水杯，并且用右手抓食。在肉食方面，伊朗人爱吃羊肉、牛肉、鸡肉、并且能够吃鸡蛋。有不少伊朗人，把羊肉视为肉中之珍。

伊朗人用餐时，一般讲究量少质精。其口味比较清淡，不爱吃红烩或带汁的菜。爱喝红茶和酸奶，喝红茶的时候加糖。饮食禁忌和伊斯兰教教规有关：不吃大肉、狗肉、驴肉、骡肉，不吃龟、鳖、蛇、蟹之类外形可憎之物，不吃无鳍、无鳞的鱼，不吃自死之物、动物的血液以及未诵安拉之名宰杀之物。酒和其他一切含有酒精的饮料，也禁止饮用。

沙特阿拉伯礼仪与禁忌

来自中新网的消息。

当地时间 2017 年 12 月 11 日，沙特阿拉伯文化和新闻部发布声明说，明年起沙特人可以开办电影院。这是 35 年来沙特首次解禁电影院。但要求播放的电影要接受审查，不得有违反沙特宗教和传统伦理的内容。声明说，解禁电影院是为满足民众对文化生活的需求，促进经济多元化和增加就业机会。

生活礼仪

乌丹玫瑰是沙特阿拉伯的国花。沙特阿拉伯人对绿色与蓝色十分喜爱。他们认为绿色代表生命，蓝色象征着希望，两者都是吉祥之色。他们最喜欢的宠物是猎鹰。

沙特阿拉伯人的忌讳有：认为娱乐令人堕落，所以切莫谈论休闲、娱乐，或是邀其参加舞会、去夜总会玩乐。不要对以色列加以好评，或是与以色列有关的十字形、六角星图案送给沙特阿拉伯人。根据伊斯兰教教规，沙特阿拉伯禁止偶像崇拜。他们不喜欢拍照、录像，并且对雕塑、洋娃娃等礼品十分忌讳。在公共场合主张“男女授受不亲”。所以，无论是坐车、乘电梯，还是上银行，男女往往是需要各自分开的。不下国际象棋的，因为他们认为国际象棋玩法对国王有失恭敬。

和沙特阿拉伯人交谈的时候，切莫提及中东政治、宗教矛盾、女权运动、石油政策。

向沙特阿拉伯人赠送礼品时，忌送酒类、猪皮与猪毛制品、美人照、带有熊猫图案的东西。不要夸奖沙特阿拉伯人的某件东西，因为那样会被视为向其索取。

餐饮礼仪

沙特阿拉伯人的主食有面饼、面包、面条。在肉类方面，他们则大多以牛肉、羊肉、鸡肉为主。在他们心目中，甜一些、辣一点的东西最好吃，羊眼是席上之珍，美味之最。

按照伊斯兰教教规，沙特阿拉伯人忌食大肉，忌食自死之物、未诵安拉之名宰杀之物和动物的血液。狗、马、驴、骡、蛇、虾、蟹、鳖、龟、无鳞鱼、贝壳类海鲜以及其他一切食肉的禽兽，也在禁食之列。

沙特阿拉伯人还不准喝酒和其他一切含有酒精的饮料，并且不得吸烟。在饮料方面，沙特阿拉伯人爱喝驼奶、红茶、咖啡。在每年的斋月里，沙特阿拉伯人白天不许吃东西，白天里一切餐馆也不准开门营业。

阿拉伯联合酋长国礼仪与禁忌

生活礼仪

阿拉伯联合酋长国，简称阿联酋。百日草（百日菊）是阿联酋的国花，阿联酋人酷爱羚羊，被视为美好精神的化身，吉祥如意的象征。

一般习惯用咖啡敬客，客人要连喝主人敬的三杯咖啡算是礼貌，如果不想喝，不停地摇动手中的杯子就行了。阿联酋人喝红茶的时候习惯放糖。

把骆驼视为最亲密的伙伴，在阿联酋的法律中明文规定了保护骆驼的内容，撞死或伤害一头骆驼，就会受到重罚。

阿联酋人最忌讳用脚掌对着他们，认为脚掌对人是一种侮辱人的动作，令人不能接受。忌讳左手传递东西或食物。妇女地位低下，一般都不准会客和在公共场合露面，也忌讳问候对方的女眷。忌讳以酒或女人照片作为相互赠送的礼物，认为这是两种违犯教规和使人不能接受的东西。

阿联酋人尤爱绿色，喜爱棕色、深蓝色，禁忌粉红、黄、紫色。不喜欢有星星图案的物品，包括衣服。

餐饮礼仪

阿联酋人饮食以发酵面饼、玉米饼为主，偏爱吃甜点心。对煎、炸、烤等烹调方法制作的菜肴偏爱。常吃的菜肴有西红柿沙拉、洋葱拌辣椒、羊肉串、烤火腿等。一般口味不喜太咸，爱甜、辣味。喜欢吃中国的清真菜。用餐时以手抓饭。一般喜欢饮用果汁、可口可乐、矿泉水及凉开水，每餐必喝酸牛奶及浓咖啡。爱吃新鲜水果中的香蕉、荔枝、柑、桔、哈密瓜、西瓜、柿子等；干果乐于吃杏仁、核桃、葡萄干、松子等。

阿联酋属禁酒国家，因此人们是不能饮酒的。还禁食大肉和使用猪制品；也不吃动物内脏。斋戒期间禁止任何人在室外吃东西、抽烟。

美国礼仪与禁忌

生活礼仪

美国人对山楂花和玫瑰花非常偏爱，玫瑰是美国国花，象征美丽芬芳、热忱和爱情。国石是蓝宝石。在动物之中，美国人普遍爱狗。对于那些自称爱吃狗肉的人，美国人是非常厌恶的。在美国人眼里，驴代表坚强。白头雕是国鸟（即白头鹰或秃鹰），是美国人最珍爱的飞禽。反感蝙蝠，被视为吸血鬼和凶神。

美国人最喜爱的色彩是白色。在他们看来，白色象征纯洁。喜欢的色彩还有蓝色和黄色。比较忌讳黑色。讨厌的数字是“13”“3”。他们不喜欢的日期是星期五，认为代表坏运气。

美国人大都比较喜欢运用手势或其他身体语言来表达自己的情感。但忌用这些身体语言：一是盯视他人，二是冲着他人伸舌头，三是用食指指点交往对象，四是用食指横在喉头之前。

在公共场合和他人面前，蹲在地上，或是双脚叉开而坐，都是失礼的。

除非是同性恋，否则成年的同性不宜共住一室，也不要在公共场合携手而行或是勾肩搭背，在舞厅里相邀共舞等。

跟美国人相处，要保持适当的距离，他们认为，个人空间不容冒犯。所以，碰了他人要及时道歉，坐在他人身边先要征得对方许可，谈话时距对方过近则是失敬于人的。

最忌讳打探个人隐私。在美国，询问他人收入、年龄、婚恋、健康、籍贯、住址、种族等，都是不礼貌的。即使招聘中也极少询问此类问题。美国人大都认定“胖人穷，瘦人富”，所以他们听不得他人说自己“长胖了”。和美国黑人交谈时，即要少提“黑”这个词，又不能打听对方的祖居之地。聊天的时候，不要谈及政党之争、投票意向。

不宜送给美国人的礼品有香烟、香水、内衣、药品以及广告用品。

餐饮礼仪

美国人的饮食习惯，一般可以说是因地区而异，因民族而异。就总体而言，共同特征是：喜食“生”“冷”“淡”的食物，不刻意讲究形式和排场，而强调营养搭配。在一般情况下，以食用肉类为主，牛肉是他们的最爱，鸡肉、鱼肉、火鸡肉也受到欢迎。美国人不吃：狗肉、猫肉、蛇肉、鸽肉，动物的头、爪及其内脏，生蒜、韭菜、皮蛋，等等。

美国人爱喝的饮料有冰水、矿泉水、红茶、咖啡、可乐和葡萄酒。

加拿大礼仪与禁忌

生活礼仪

枫叶被视为加拿大的象征，是加拿大的国花，枫树是国树。

红、白这两种颜色深得加拿大人喜爱，并且被定为国色。忌讳白色的百合花。

“13”被视为“厄运”之数，“星期五”则是灾难的象征，加拿大人对于两者都是深为忌讳的。在老派的加拿大人看来，打破了玻璃，请人吃饭时将盐撒了，从梯子底下经过，都是不吉利的事情。

与加拿大人交谈，不要插嘴，打断对方的话，或是和对方强词夺理。交谈忌讳的内容有：议论性和宗教，评说英裔加拿大人与法裔加拿大人的矛盾，探讨魁北克省要求独立的问题，处处将加拿大与美国连在一起进行比较，大讲特讲美国的种种优点与长处。

在需要指示方向或介绍某人时，加拿大人忌讳用食指指指点点，而是代之以五指并拢、掌心向上的手势。当加拿大人耸肩时，大多表示自己“无能为力”，或者是为了掩饰自己的窘态。

餐饮礼仪

加拿大人的饮食习惯，和英、法两国比较接近。对法式菜肴较为偏爱，并且以面包、牛肉、鸡肉、鸡蛋、土豆、西红柿等日常食物为主。在口味方面，加拿大人比较清淡。他们爱吃酸、甜之物。在烹制菜肴时极少直接加入调料，而是惯于把调味品放在餐桌上，听任用餐者各取所需，自行添加。

从总体上讲，他们以肉食为主，特别爱吃奶酪、黄油和烤制的食品，比如烤牛排、烤鸡、烤土豆等。在用餐之后，加拿大人爱吃一些水果。饮品方面，咖啡、红茶、牛奶、果汁、矿泉水，都受他们欢迎。另外，加拿大人还爱喝清汤，并且爱喝麦片粥。和欧洲人相比，他们喝酒不多。在一日三餐之中最重视晚餐。加拿大人主要忌吃肥肉、动物内脏、腐乳、虾酱、鱼露，以及其他一切带有腥味、怪味的食物。动物的脚爪和偏辣的菜肴也不大喜欢吃。

在用餐的整个过程中，他们没有用热毛巾擦脸的讲究。

巴西礼仪与禁忌

生活礼仪

巴西的国花是毛蟹爪兰。巴西的男人一般都喜欢开玩笑，还习惯拍拍打打地同他人谈话。无论男女老幼，人人都酷爱足球运动。巴西人很重视亲笔签名。无论写信、便条等，都要郑重地签下自己的名字，以示尊重和礼貌。

巴西人爱夸耀自己的孩子，不要谈带有种族意识的笑话，也不要谈论阿根廷。还应回避谈论政治、宗教以及其他有争议的话题。

巴西人忌讳数字“13”，普遍认为“13”会给人带来厄运或灾难的数字。忌讳紫色，认为紫色是悲伤的色彩；忌讳绛紫红花，因为这种花主要用在葬礼上。忌用“OK”手势，认为这是一种极不文明的表示。送礼忌讳送手帕，认为送手帕会引起吵嘴和不愉快。

餐饮礼仪

巴西人惯以欧式西餐为主。“黑豆”是巴西人每天必不可少的主食品，用以做黑豆饭。巴西的国菜“脍豆”，就是用猪蹄、杂碎和黑豆做原料，放在砂锅内一起炖制的。对清蒸、滑炒、炸、烤、烧等烹调方法制作的菜肴偏爱。“烤肉”是巴西人最喜欢吃的风味菜之一，又是一道国菜。巴西人最爱吃里脊肉。大都喜欢辣味菜肴，喜欢吃中国的川菜。口味上不喜太咸，爱麻辣味道。

爱吃鱼、牛羊肉、猪肉、鸡和各种水产品；喜欢西红柿、白菜、黄瓜、辣椒、土豆、洋葱等各种蔬菜；调料喜用棕榈油、胡椒粉、辣椒粉等。

忌吃奇形怪状的水产品和用两栖动物肉制作的菜，也不爱吃用牛油制作的点心。

巴西有“咖啡王国”之称，爱喝咖啡，也乐于品尝红茶。喜欢喝葡萄酒、香槟酒、桂花陈酒，也爱品尝中国的茅台酒，一般酒量不大。

澳大利亚礼仪与禁忌

生活礼仪

金合欢花和桉树，是国花和国树。蛋白石是国石。澳大利亚人最喜爱的动物是袋鼠与琴鸟。

在澳大利亚人眼里，兔子是不吉利的动物。他们认为，碰到了兔子，可能是厄运将临的预兆。在数目方面，受基督教的影响，澳大利亚人对于“13”与“星期五”普遍反感至极。

禁忌的话题有：议论种族、宗教和个人私生活以及等级、地位问题。同澳大利亚人打交道时，还有下列四点事项要特别注意。一是不喜欢把本国与英国处处联系在一起；二是不喜欢听“外国”或“外国人”这一称呼。他们认为，这类称呼抹杀个性，是哪一国家，是哪个国家的人，就要具体而论，过于笼统的称呼是失敬的做法。

对公共场合的噪声极其厌恶。澳大利亚的基督教徒有“周日做礼拜”的习惯。他们的这种做法“雷打不动”，想在这天和他们邀约，往往“难于上青天”。

餐饮礼仪

澳大利亚人的饮食习惯可谓多种多样。就主流社会而言，喜欢英式西餐，特点是口味清淡，不喜油腻，忌食辣味。有不少的澳大利亚人还不吃味道酸的东西。具体而言，澳大利亚人大都爱吃牛羊肉，对于鸡肉、鱼肉、禽蛋也比较爱吃。他们的主食是面包，爱喝的饮料则有牛奶、咖啡、啤酒和矿泉水等。一般不吃狗肉、猫肉、蛇肉，不吃动物的内脏与头爪。十分厌恶加了味精的食物。

新西兰礼仪与禁忌

生活礼仪

新西兰的国花是银蕨，是新西兰人民开拓精神的象征。把水视为纯洁神圣之物，重要集会上都要举行泼水仪式，向参加者的身上洒清水，以此来互相祝福。喜欢谈论有关国内外政治、天气和体育等话题，要回避种族问题的话题，不要把新西兰作为澳洲或“澳大利亚”的一部分。他们对狗怀有特殊的感情，视狗为“终生的伴侣”“牧羊的卫士”。

新西兰人大多数信奉基督教。他们把“13”视为凶神，无论做什么事情，都要回避“13”。

忌讳男女同场活动。即使看戏或看电影，通常也分为男子场和女子场。视当众剔牙和咀嚼口香糖为不文明的举止。他们视当众闲聊、吃东西、喝水、抓头皮、紧裤带等作风为失礼的举止。

餐饮礼仪

新西兰人讲究菜肴花样，注重菜品量少质精，一般口味不喜太咸，爱甜、酸、微辣味道。对炒、煎、烤、炸等烹调方法制作的菜肴偏爱。以米饭为主食。喜欢吃中国的苏菜、京菜、浙菜。有些人习惯使用刀叉，也有人用手抓饭吃。不喜欢吃带黏汁或过辣的菜肴。

特别喜欢喝葡萄酒、啤酒，爱喝矿泉水、咖啡、红茶和香片花茶等饮料。

英国礼仪与禁忌

生活礼仪

英国的国花是玫瑰，国鸟是知更鸟，国石是钻石。

视百合花和菊花为死亡的象征，十分忌讳。

英国人认为遇上碰洒了食盐或摔碎了玻璃一类的事情，认为很倒霉。

色彩方面，英国人偏爱蓝色、红色和白色，反感墨绿色。

英国人在图案方面的禁忌甚多：人像以及大象、孔雀、猫头鹰等图案，都会令他们反感。在握手、干杯或摆餐具时无意之中出现了类似十字架的图案，他们也认为十分晦气。英国人所忌讳的数字主要是“13”和“星期五”。

主要民俗禁忌有下列五条：一是忌当众打喷嚏；二是忌讳用同一根火柴连续点燃两支香烟；三是忌讳把鞋子放在桌子上；四是忌讳在屋子里撑伞；五是忌讳从梯子下面走过。

和英国人交谈，不要涉及英王、王室、教会以及英国各地区之间的矛盾，特别是不要对女王和北爱尔兰独立问题说三道四。

在英国，动手拍打他人，跷起“二郎腿”，右手拇指和食指构成“V”形时手背向外，都是失礼的动作。英国人用食指将下眼皮往下微微一扒时，表示自己所做的事被人识破了。当他们用手敲鼻子时，表示的是秘密；而耸动肩部，则表示疑问，或者不感兴趣。

餐饮礼仪

英国人的饮食，具有“轻食重饮”的特点。在菜肴上没有多大特色，日常的伙食基本上没有多大变化。除面包、火腿、牛肉之外，英国人平时常吃的也就是土豆、炸鱼和煮菜了。“烤牛肉加约克郡布丁”被称为国菜。它是用牛腰肉、土豆，加上鸡蛋、牛奶、面粉，放在烤箱内一起烤制而成的菜肴。上桌时，还会另配一些单煮的青菜。

英国人的饮食禁忌，主要是不吃狗肉，不吃过咸、过辣或带有黏汁的菜肴。

英国人在日常生活之中非常“重饮”，即讲究饮料。英国名气最大的饮料就是红茶和威士忌。和绝大多数欧美人所不同的是，绝大多数英国人嗜茶如命。喝红茶的时候，首先要在茶杯里倒入一些牛奶，然后才能依次冲茶、加糖。他们不仅是早上醒来先要赖在床上喝上一杯“被窝茶”，而且在上班期间，还要专门挤出时间来去喝“下午茶”。在英国，喝“下午茶”既是午餐和晚餐之间的一顿小吃，而且也是“以茶会友”的一种社交方式。英国人喝酒，很少自斟自酌，喜欢去酒吧。

法国礼仪与禁忌

生活礼仪

法国的国花是鸢尾花，国鸟是公鸡，国石是珍珠。

对于菊花、牡丹、玫瑰、杜鹃、水仙、金盏花和纸花，不宜随意送给法国人。仙鹤被视为淫妇的化身，孔雀被看作是祸鸟，大象象征着笨汉，都是法国人反感的动物。

虐待动物，被其视为不人道的行为。法国人对核桃十分厌恶，认定它代表着不吉利。

厌恶黑桃图案，大都喜爱蓝色、白色和红色，对于粉色也比较喜欢。忌讳黄色和墨绿色。法国人所忌讳的数字，是“13”和“星期五”。给法国妇女送花时，宜送单数，但要记住避开“1”与“13”

这两个数目。法国人绝对不喜欢13日外出，不会住13号房、坐13号座位，或是13个人同桌进餐。

法国人对礼物十分看重，但又有其特别的讲究。认为初次见面就送礼，往往会令对方产生疑虑，因而是不善交际的表现。在接受礼品时如果不当着送礼者的面打开包装，则是一种无礼的、粗鲁的行为。向法国人赠送礼品时，宜选具有艺术品位和纪念意义的物品。但是，不宜以刀、剑、剪、餐具，或是带有明显的广告标志的物品作为礼品。男士向一般关系的女士赠送香水也是不合适的。

与人交谈，往往喜欢选择一些足以显示其身份、品位的话题，如历史、艺术。对于恭维美国、英国和德国，贬低法国的国际地位与历史贡献，议论其国内经济滑坡、种族纠纷以及科西嘉独立等问题，他们则是反感的。

对他们而言，拇指与食指分开表示“2”，用食指指自己的胸部表示“我”，拇指朝下指表示“差”或“坏”，掌心向上表示诚恳，耸动肩膀则表示高兴或惊讶。

餐饮礼仪

作为举世皆知的世界三大烹饪王国之一，法国人十分讲究饮食。平时，法国人爱吃面食。肉食方面，爱吃牛肉、猪肉、鸡肉、鱼子酱、蜗牛、鹅肝，不吃肥肉、宠物、肝脏之外的动物内脏，不吃无鳞鱼和带刺骨的鱼。法国的名菜有鸡肝牛排、红酒山鸡、马赛鱼羹、巴黎龙虾、煎蜗牛、扒鹅肝等。

就口味来讲，法国人有两大特点。一是喜欢肥浓。做菜的时候，常用大蒜、丁香、香菜调味。二是偏爱鲜嫩。法国人做菜，非但选料要新鲜，而且烹饪也大多半生不熟。有不少菜，他们甚至还直接生食。法国人大都爱吃奶酪，特别善喝酒。他们几乎餐餐必喝，而且讲究在餐桌上要以不同品种的酒水搭配不同的菜肴：餐前要喝开胃酒，吃鱼要喝白葡萄酒，吃肉要喝红葡萄酒，餐后才适合喝利口酒或白兰地。不喜欢鸡尾酒。除酒水之外，法国人平时还爱喝生水和咖啡。

德国礼仪与禁忌

生活礼仪

矢车菊是德国国花，白鹳是国鸟。

在德国，不宜随意以玫瑰或蔷薇送人，前者表示求爱，后者则专用于悼亡。

德国人对黑色、灰色比较喜欢，对于红色以及渗有红色或红、黑相间之色，则不感兴趣。对于“13”和“星期五”，德国人极度厌恶。他们对于四个人交叉握手，或在交际场合进行交叉谈话，也比较反感。这两种做法都被认为不礼貌。路上碰到烟囱清扫工预示着这一天要交好运。对纳粹党党徽的图案十分忌讳。

在德国，跟他人打招呼时，切勿身体立正，右手向上方伸直，掌心向外。这一姿势，过去是纳粹的行礼方式。

在德国，星期天商店一律停业休息。向德国人赠送礼品时，不宜选择刀、剑、剪、餐刀和餐叉。不要用褐色、白色、黑色的包装纸和彩带包装、捆扎礼品。和德国人交谈，不要涉及纳粹、宗教和党派之争。在公共场合窃窃私语，认为是十分无礼的。

餐饮礼仪

在一般情况下，德国人的餐桌上主角是肉食。面包、土豆，禽蛋等虽然也受欢迎，但是它们基本上属于配角。在肉类方面，最爱吃猪肉，其次才是牛肉。以猪肉制成的各种香肠，令德国人百吃不厌。通常，德国人都不太爱吃羊肉。除肝脏之外，其他动物内脏也不吃。除北部地区的少数居民之外，德国人大都不爱吃鱼、虾。即使吃鱼的人，在吃鱼时也不准讲话。

德国人一般胃口较大，喜欢吃油腻食物。在口味方面，德国人爱吃冷菜和偏甜、偏酸的菜肴，对于辣和过咸的菜肴则不大喜欢。在饮料方面，德国人最喜爱的是啤酒。对于咖啡、红茶、矿泉水，也很喜欢。

一日三餐中，德国人最重视的是晚餐。用晚餐的时候，习惯关闭电灯，点燃蜡烛，以朦胧的烛光烘托出优雅的气氛。他们用餐的时候，有五条特殊规矩：一是吃鱼用的刀叉不得用来吃肉和奶酪。二是如果同时喝啤酒和葡萄酒，要先喝啤酒，后喝葡萄酒，否则被视为有损健康。三是食盘中不要堆积过多的食物。四是不得用餐巾扇风。五是忌吃核桃。

意大利礼仪与禁忌

生活礼仪

意大利的国花是雏菊，国石是珊瑚。

在意大利，一般不用玫瑰或菊花送人，因为玫瑰表示爱情，而菊花专门用来丧葬之事。送给意大利女士的鲜花，通常以单数为宜。在动物方面，意大利人最喜欢狗和猫。

意大利人最喜爱的色彩是绿色、灰色、蓝色和黄色。比较忌讳紫色。

在图案方面，意大利人有不少讲究。动物与鸟类的图案最受其欢迎，而仕女图案、十字花图案则为其所忌。

与其他欧美国家的人基本相似，意大利人最忌讳的数字与日期分别是“13”和“星期五”。另外，对“3”这个数字也不太有好感。

人际交往中，意大利人有送礼的习惯。精美典雅的物品，诸如鲜花、名著、书画、工艺品、葡萄酒和巧克力，都深受欢迎。切忌把手帕、丝织品和亚麻织品送给意大利人。对于谈论政治、宗教、纳税、美式橄榄球，意大利人往往提不起兴趣。

意大利人不但表情丰富，而且有着诸多的独特的形体语言，他们尤其喜欢运用不同的手势表达自己的思想感情。例如，竖起食指来摆动，表示的是“不”“不行”。用食指顶往面颊来回转动，表示的是“好吃”。以食指按在腮帮上转动两下，表示的是赞美某位女士“真漂亮”。五指并拢后，用食指的侧面敲击额头，表示的是“你真笨”。一边伸出手掌，一边撇嘴，表示的是“不清楚”，或“无可奉告”，五指并拢，掌心向下，对着腹部来回转动，表示“我饿了”，“我想吃一点东西”。伸出双手，手掌向下，并且耸动肩膀，则表示“我不知道”。

餐饮礼仪

讲求生活质量的意大利人对于饮食非常在乎，并且有不少独特的习惯。平时意大利人很喜欢吃面食。通心粉（意大利面）、比萨饼等面食，都是他们的创造。除面包、蛋糕外，意大利人不把面食当主食吃，而只是当作一道菜来享用。在他们的餐桌上，通常第一道菜就是上面食，而且大都讲究要把它做得半生不熟。意大利人还爱吃炒米饭，也是将其当作一道菜吃，并且讲究每次用餐之时，在面食、炒饭两者中，只能选择一种。

意式菜肴在口味上接近法式菜肴，注重浓、香、烂，偏爱酸、甜、辣。在烹饪方法上，多采用焖、烩、煎、炸，而不喜欢烧、烤。对于肉食和蔬菜、水果，意大利人都非常喜欢享用。饮酒时候，注重和菜肴的搭配。在所有的酒类之中最爱喝葡萄酒。除饮酒外，意大利人还爱喝咖啡和酸奶。一般情况下，意大利人以午餐为主餐。拒绝赴宴的邀请被认为是非常不礼貌的。在席间不谈生意和公事。

瑞典礼仪与禁忌

生活礼仪

瑞典的国花是白菊。

和客人交谈的时候，瑞典人总喜欢相互看着，认为这样既显得重视对方，又表示相互间的亲密。宴请的时候，要等主人、年长者或职位高的人敬酒之后才能敬酒；主人没说“请”之前不能碰杯。宴请客人餐毕后，客人离桌前应向主人表示感谢，还应在次日打电话再次表示谢意，否则便会被认为缺乏礼貌。

瑞典人忌讳在公共场合随便吸烟。不愿意下午举行社交活动，他们一般习惯下午 2~5 点之间休息，晚 10 点以后至次日凌晨才开展活动。

交谈的时候，不要评价瑞典的文化或政治。忌讳陌生人询问他们的政治倾向、家庭经济情况、年龄、宗教信仰、行动去向等问题，因为这是他们的私事。瑞典是个半禁酒的国家，所以酒是不可作为礼物送人的，忌讳“13”，认为“13”只会给人带来灾难和悲伤。他们特别忌讳黄、蓝色等颜色。忌讳当众擤鼻涕或抠鼻孔，认为这是不体面和不道德的行为。

餐饮礼仪

瑞典人在宴请宾客的时候，有个比较固执的习惯，他们一般都要让客人坐在主人的左边。他们一般都习惯吃欧式西餐，爱吃火腿和奶油蛋糕等食品。以面食为主，爱吃烧麦、蒸饺、花卷、酥饼等；也爱吃米饭；吃西餐喜欢西饼、奶油蛋糕等点心。爱吃中国的粤菜及川菜。特别喜欢瘦嫩肉食和各种蔬菜，并爱喝浓汤。一般口味喜清淡，偏爱甜、辣味道。

一般不喝烈性酒。饮料对咖啡、可可、汽水、矿泉水兴趣很浓；大多爱喝牛奶及香片花茶。瑞典人干杯的动作是这样的：把酒杯从腰部朝上举向齐眼处，正视对方，说声“Skoal”，一饮而尽，然后将杯底朝向主人，再把空杯放回桌上。

俄罗斯礼仪与禁忌

生活礼仪

俄罗斯的国花是向日葵，被视为“光明”。

俄罗斯人普遍喜爱红色，并视其为美丽的化身。讨厌黑色，因为它仅能用于丧葬活动。在数目方面，俄罗斯人最偏爱“7”，认为它是成功、美满的预兆。十分忌讳“13”和“星期五”。

俄罗斯人非常崇拜盐和马，十分厌恶黑猫。在俄罗斯，打碎镜子和打翻盐罐，都被认为是极为不吉利的预兆。

俄罗斯人主张“左为凶，右为吉”，因此他们也不允许以左手接触他人，或以之递送物品。在俄罗斯，蹲在地上，卷起裤腿，撩起裙子，都是严重的失礼行为。俄罗斯人讲究“女士优先”，不尊重妇女到处都会遭到白眼。他们忌谈的话题有：政治矛盾、经济难题、宗教矛盾、民族纠纷、苏联解体、阿富汗战争，以及大国地位问题。

餐饮礼仪

以面食为主，爱吃用黑麦烤制的黑面包。除黑面包之外，俄罗斯人大名远扬的特色食品还有鱼子酱、酸黄瓜、酸牛奶等。喜欢酸、辣、咸味，偏爱炸、煎、烤、炒的食物，讲究量大实惠，油大味厚。尤其爱吃冷菜。吃水果的时候不喜欢削皮。

俄罗斯人很能喝冷饮。平时很爱吃冰淇淋。很能喝烈性酒，烈酒伏特加是他们的最爱。饮酒时可以不吃菜，往往一醉方休。

通常俄罗斯人不吃海参、海蜇、乌贼和木耳。另外，鞑靼人不吃猪肉、驴肉、骡肉。

埃及礼仪与禁忌

生活礼仪

莲花是埃及的国花，猫是国兽，橄榄石是国石。

认为猫是幸运的吉祥物。喜欢美丽华贵的仙鹤，认为它代表着喜庆与长寿。除讨厌猪之外，外形和猪相近的大熊猫也为埃及人所反感。埃及人最喜爱被其称为“吉祥之色”的绿色和“快乐之色”的白色这两种颜色。他们讨厌黑色和蓝色。在数目方面，喜欢“5”

和“7”。对信奉基督教的科普特人而言，“13”则是最令人晦气的数字。

在埃及民间对葱很是看重，认为它代表了真理。对针非常忌讳。

和埃及人交谈应注意以下问题：一是男士不要主动找妇女攀谈；二是切勿夸奖埃及妇女身体窈窕，因为埃及人以体态丰腴为美；三是不要称道埃及人家中的物品，在埃及这种做法会被人理解为索要；四是不要和埃及人讨论宗教纠纷、中东政局以及男女关系。

餐饮礼仪

他们口味较淡，不喜油腻，爱吃又甜又香的东西。以一种称为“耶素”的不用酵母发酵的平圆形面包为主食，并且喜欢和“富尔”（煮豆）、“克布奈”（白奶酪）、“摩酪赫亚”（汤类）一起食用。爱吃羊肉、鸡肉、鸭肉、土豆、豌豆、南瓜、洋葱、茄子和胡萝卜。冷菜、带馅的菜以及用奶油烧制的菜，特别是生菜，都受欢迎。埃及人尤其喜欢吃甜点，正规宴会的最后一道菜往往是甜点。

在饮料上，埃及人酷爱酸奶、茶和咖啡。在许多大城市，街头巷尾的咖啡摊随处可见。平时，埃及人有在街头的咖啡摊上用午餐的习惯。喝茶聊天，是埃及人一大乐趣。用餐的时候，埃及人多以手取食。在正式一些的场合也惯于用刀、叉和勺子。用餐之后一定要洗手。埃及人按照伊斯兰教教规，是不喝酒的。忌食的有大肉、狗肉、驴肉、骡肉、龟、鳖、虾、蟹、鳝，动物内脏，动物血液，自死之物，未诵安拉之名宰杀之物。不喜欢吃整条的鱼和带刺的鱼。埃及人用餐有两点禁忌：一是忌用左手取食；二是忌在用餐时和他人交谈。

南非礼仪与禁忌

生活礼仪

南非的国花是火焰花。

和南非人打交道时，首先需要了解交往对象的宗教信仰，并且予以尊重。信仰基督教的南非人，最为忌讳“13”这一数字。对于“星期五”，特别是与“13 日”为同一天的“星期五”，他们更是讳言忌提，并且尽量避免外出。

特别忌讳外人对其祖先在言行举止上表现出失敬。南非人为人处世非常大胆而直爽。与对方进行交谈时，过分地委婉或者兜圈子，是不受欢迎的。跟南非黑人交谈时有四个方面不要涉及：一是不要为白人评功摆好；二是不要评论不同黑人部族或派别之间的关系及其矛盾；三是不要非议黑人的古老习俗；四是不要为对方生了男孩表示祝贺，在许多部族中，这件事并不令人欣喜。

餐饮礼仪

饮食习惯上，南非人同样是“黑白分明”。当地的白人平日以吃西餐为主，他们经常吃牛肉、鸡肉、鸡蛋和面包，并且爱喝咖啡和红茶。一般南非黑人的主食是玉米、薯类、豆类。在肉食方面，他们喜欢吃牛肉和羊肉，但是一般不吃猪肉，也不大吃鱼。和其他许多国家的黑人有所不同的是，南非的黑人不喜欢生食，而是爱吃熟食。南非最著名的饮料，是被称为“南非国饮”的如宝茶。“如宝茶”，深受南非各界人士的推崇，和钻石、黄金一道，被称为“南非三宝”。

尼日利亚礼仪与禁忌

生活礼仪

尼日利亚的国花是长绒棉。和尼日利亚人打交道时，不要讨论种族纠纷、宗教矛盾、非洲政治、军人专政等方面的问题。对于“黑”这个词，也要少用。请尼日利亚人帮忙，务必要记住付给对方小费。尼日利亚人认定，付小费是对自己劳动的一种必要肯定，给不给小费与是否尊重自己直接挂钩。

在尼日利亚，穆斯林喜爱绿色和白色，并有左手之忌。而基督教徒则忌讳“13”这个数字。

在尼日利亚，耸肩表示否定，伸出舌头在嘴唇四周舔上一圈表示嘲笑或蔑视，拍腿跺脚表示追悔莫及，用食指指人表示挑衅，伸出五指张开的手来面向他们表示侮辱，盯视他人表示反感，握拳挥手则表示诅咒谩骂。

餐饮礼仪

尼日利亚人一般以面食为主食，喜欢吃粥汤，在菜肴方面忌咸喜辣，讲究丰盛实惠。尼日利亚人最爱吃的，是用深黄色的玉米面、浅黄色的木薯面、咖啡色的豆面、绿色的蔬菜、红色的西红柿混合在一起烧成的“五色饭”。米粥、菜粥、什锦粥，也大受其欢迎。用餐的时候，尼日利亚人多以右手直接取用。尼日利亚人一般不喝酒，不吸烟，爱吃水果的人也不太多。已婚的妇女，大都忌食鸡蛋，认为吃鸡蛋会影响生育。

小提示大道理

《礼记·曲礼上》：入境而问禁，入国而问俗，入门而问讳。

我们接待外宾时，为提高客人满意度，理应主动了解客人的主要习俗禁忌，以便在服务中避免不必要的尴尬，提供高品质的、更具国际化的服务。

附录

服务礼仪测试题及答案（共32道题，满分100分）

一、填空（共5题5个空，每空2分，共计10分）

1. ________这种表情，是服务人员工作的必需，能更好地拉近和客户的距离。

2. 单排三粒扣西装，关于系纽扣的规范，只系________一粒；或上边两粒。

3. 陪同引导客户时，如果在走廊或平地引领，双方并排走路时，陪同引导人员在________侧。

4. 为客户敬茶结束离开时，可以________一两步，再转身离去。

5. 注视不熟悉的客户，提倡注视大三角区域，这个“大三角”指：以________为顶点，两肩为底点所形成的三角形区域。

二、判断题（共16题，每题2分，共计32分）

1. 在工作岗位上，服务人员可以主动和客户握手。（　　）

2. 递接物品，和客户距离过远时，等着对方主动送上来就行了。（　　）

3. 迎接客户三S，分别是起立（Stand up），看（See），微笑（Smile）。（　　）

4. 因为是为客户服务，所以应该尽管让客户随便看，不用管。（　　）

5. 做好服务工作要靠职业技能，而服务礼仪只是无所谓的辅助。（　　）

6. 服务接待的“三声三到”，其中“三到”指：客户到，微笑到，敬语到。（　　）

7. “物以类聚、人以情投”。想要客户倾听你说的话，必须把赢得好感放在首位。（　　）

8. 常见文明用语有：欢迎光临、请稍候、让您久等了、明白了、对不起、谢谢等。（　　）

9. 面对异议特别是误解，我们必须据理力争，首先把情况说清楚。（　　）

10. 岗位接待中，每天工作前，应认真做好岗位准备工作，包括工作环境。（　　）

11. 客户有不满或抱怨时，注意先认真倾听，而不是急着插话。（　　）

12. 去客户家里上门服务，和客户熟悉了，工作中客户请吃请喝就不应再推辞。（　　）

13. 茶水服务中，倒水或续茶时，应尽可能从客人或领导的右

方操作。(　　)

14. 很多欧美国家的人，并不喜欢13这个数字，包括房间号13也反感。(　　)

15. 服务工作中，我们要以礼待客，但遇到无理取闹的客人，就没必要客气了。(　　)

16. 要进客人或领导房间，彼此间挺熟且门又开着时，就没必要再敲门。(　　)

三、多项选择题（共8题，每题5分，共计40分）

1. 下列哪些是服务忌语：(　　)

A. 喂

B. 你找谁

C. 什么事儿

D. 着什么急

2. 打电话时，通话内容要做到简练，应注意什么：(　　)

A. 事先准备

B. 简明扼要

C. 适可而止

D. 通话三分钟，就应该赶紧催着点尽快结束

3. 下面关于敬茶的内容，符合规范的有：(　　)

A. 倒茶叶的时候，即使不好倒也不应下手直接抓

B. 敬茶，应是在客户落座之后，还没开始洽谈前

C．敬茶的顺序，应该先客户再领导

D．给客户敬茶，必须用一次性纸杯，以示卫生、安全

4．如果和客户发生冲突，得体的处理原则是：（　　）

A．妥协原则

B．体谅原则

C．隔离原则

D．控制原则

5．工作场合，应该禁忌的身体语言有：（　　）

A．杂乱

B．泛滥

C．卑俗

D．专业

6．工作仪容的三勤五忌是指：（　　）

A．勤换衣裤，勤洗澡，勤漱口

B．忌吃生葱、生蒜、韭菜

C．忌吃有刺激性气味的食物

D．忌吃花椒，八角

7．下面属于工作自律中“三心二意”的内容有：（　　）

A．耐心

B．关心

C．痴心

D．善意

8．客户服务中，我们需要注意：(　　)

A．即使快到自己的下班时间，也不应表现出着急或不耐烦

B．以真诚、友好的态度对待客户抱怨，认真聆听客户的抱怨

C．接待客户时表现出全神贯注，不可以同时做其他无关的事

D．对于客户的咨询，我们应尽可能地解答，不能简单地推诿

四、简答（共 3 题，每题 6 分，共计 18 分）

1．在和客户的交流中，为了拉近和客户的关系，倾听应注意的三大原则是什么？

2．递接物品的时候要注意什么？

3．工作中要努力做到“五不”“四要”，其中的“四要”是指什么？

测试题答案：

一、填空

1. 微笑

2. 中间

3. 左

4. 后退

5. 额头

二、判断题

1. ×

2. ×

3. √

4. ×

5. ×

6. √

7. √

8. √

9. ×

10. √

11. √

12. ×

13. √

14. √

15. ×

16. ×

三、多项选择题

1. ABCD

2. ABC

3. ABC

4. ABCD

5. ABC

6. ABC

7. ABD

8. ABCD

四、简答

1. 答：耐心，关心，别一开始就假设明白客户的意愿。

2. 答：双手或右手递接，方便客户拿取；主动去递接；如果是递尖利物品要把带尖、刃部分朝向自己，并以言语提醒。

3. 答：卫生要主动搞、个人仪容仪表要整洁，同事见面要问好，客户来了要主动接待。